レクチュア こころを使う

日常臨床のための逆転移入門

祖父江典人 著

木立の文庫

Introductory Lectures on Using our Mind : thinking emotions

Counter-transference in Everyday Clinical Practice

まえがき

こころの臨床のなかでことさら大事になることのひとつとして、その場での〝生きた感覚〟を挙げることができるでしょう。それ抜きには臨床は語れないところがあります。実のところ、私の前二冊の入門書[1・2]も、その臨床感覚が背景に控えています。

それは、「日常臨床においては、精神分析の技法そのものを端から使うわけにはいかない」という臨床感覚でした。日常臨床とは、構造化のはっきりした心理療法のみならず、教育や福祉などでの非構造的な援助場面まで含めます。前二冊では、そうした対人援助まで含めて、現場に役立つ考え方や技法の工夫を広くお示ししようとしました。したがって、入門書ではありますが、「いま目の前の臨床場面では、この分析技法は使えないな」といったような生きた感覚が基底に存しているのです。

こころの臨床は、たとえその感覚が正しかろうが間違っていようが、臨床「感覚」抜きには成り立ちません。なぜなら臨床とは、**パーソナルな関わり**そのものでもあるからです。ですから、そのパーソナル性という側面においては、私たちのプライベートな付き合いと変わるところありません。もしも私たちが、友人関係で私情を交えずに付き合ったとしたら、どんなに味気なく、そっけないものかは、想像に難くないでしょう。それはこころの臨床の場面とて同じことです。

もとより臨床場面はプライベートな付き合いではありません。ですが、そのパーソナル性というエッセンスが、臨床に〝生きた関わり〟の命を吹き込むのです。たとえば成田善弘は、面接場面における臨床感覚のことを「その場の雰囲気さん」といったことばで、うまく形容しています[3]。

今回、私は、これまで背景に控えていた臨床感覚をより前面に出した入門書を書こうと思うに至りました。そろそろ陰の主役を表舞台に登場させたくなったからです。それによって、理論や技術に留まらない臨床の〝ライブさ〟を、とりわけ若い人たちにお届けしたくなったからです。その臨床のライブさの肝となるのが、精神分析で言う《逆転移》のテーマです。今回は逆転移が主役として躍り出ます。

《逆転移》あるいは逆転移の活用というと、いかにも小難しいテーマのように映り、とかく初心者や精神分析サークル外の人には敬遠されがちかもしれません。ですが、それほど難しい話ではありません。簡単に言えば、クライエントや患者と一緒の空間を共にしているその場で、援助者やセラピストが〝どう感じているか〟という話なのです。はっきりした実感でなくとも、かすかな雰囲気にしろ、空気感にしろ、その場で感じ取っている感覚、そのことを指します。まさに成田の言う「その場の雰囲気さん」なのです。

もちろん逆転移をめぐっては、「それがセラピストの病理によるものか、患者からの無意識的メッセージによるものか」というような小難しい議論のあることは承知の上です。そのことは、後に本篇にて解説するところですが、要は、クライエント要因にしろセラピスト要因にしろ、逆転移とはいずれにしろ、セラピストや援助者のこころのなかで感受される体験には違いありません。そのことが実のところ、セラピーや援助に対して「影の存在」として大きな影響を及ぼしているのです。

簡単な例を挙げて考えてみましょう。私たちの前に、ドメスティック・ヴァイオレンス被害のうら若き女性が現れたとしましょう。そのときに、私たちがその女性からどのような印象を受けるかによって、私たちの最初に掛けることばも違ってくるところでしょう。打ちひしがれておられ気の毒な印象を受ければ、『ずいぶんと辛い目に合われたんでしょうね』というような優しいことばがセラピストの口をついて出るかもしれません。逆に、全く強気で相手の男性を責め立てるような激しい印象を受ければ、『とりあえず事情を聞かせてください』というような、中立的なことばから始めるかもしれません。

このように私たちの対象者に対する関わり方は、常にと言っていいほど、いわゆる《逆転移》によって左右されているのです。

このことは、日常生活における人との関わりと何ら変わるところはありません。ですが、臨床や援助場面で必要とされるのは、そうした逆転移をセラピストや援助者が自覚していること、さらにその上で対象者との関わり方を判断し選択していくこと、なのです。その点においてこそ、日常生活の人間関係とは異なった臨床の専門性が担保されているのです。

それでは、まずは序章で、いくつかの臨床素材から、臨床における逆転移の在り様を見ていきましょう。

目次

序章　ことのはじまり——臨床素材

序章では、逆転移の総論や個別の臨床家の〝こころの使い方〟をレクチュアする、その前段として、逆転移の種々相をわかりやすくお伝えしておこうと思います。

そこでまずは、五つほど、セラピー初期における逆転移の形を示していきます。同じセラピストでも、対象クライエントによってさまざまな逆転移を体験する淵に立たされることをご覧ください。

それらの逆転移が何を意味したのか、その後、どのように展開したのかなどに関しては、最終章において解説します。

これら臨床素材は、私の臨床経験に基づいていますが、すべて創作であることをお断りします。

ケースA

耐え難いうんざり感——自閉スペクトラム症の成人女性

この例は、他所でもすでに何回か引用していますが、[1,2] 逆転移を検討するうえでわかりやすいので、ここに再びとりあげます。境界例として紹介されてきた三十代女性Aです。

あちこちの医療機関から受診拒否にあい、私のところに流れ着くように紹介されてきたのは、Aが三十代前半に達した頃でした。当時はまだ成人の「アスペルガー」という診断名はそれほど馴染み深いわけでもなく、Aも「境界例」ということで紹介されてきました。

Aは、あちらこちらで対人トラブルを引き起こし、医療機関でも同じことをしつこく訴えたりクレームを付けたりするので、体よく受診を断られていました。さらにAは、さまざまに人に頼っては依存関係を形成するも、話すことが毎度同じことの繰り返しになるので、相手からうっとうしがられ、しまいには説教される羽目に陥っていました。すなわち、つぎつぎに「接近しては関係が破綻する」パターンを繰り返していました。

症状としては、臭いや音の過敏さも手伝って、緊張すると吐き気が強くなったり、公共交通機関に乗ると気持が悪くなったり、自律神経症状様の身体症状が頻発していました。

生育歴としては、小さい頃から集団での会話についていけなかったり、一方的に話したりするので、小中学校ではかなりひどいいじめにあっていました。そのため強い人間不信があり、希死念慮も強くありました。

Aは「男性関係のトラブルを解決したい」という動機で面接を求めましたが、これまでの経過を聞くにつけ、正直、私には「どうにもならない」という気持が生じました。しかし私は、つぎつぎとトラブルの渦を巻き起こすAに、聞き分けは悪いが子どもっぽいかわいげを感じ、引き受けることにしました。ですが、早晩、私は後悔することになったのです。

見立てとしては、当時私は、紹介状どおり、境界例の「見捨てられ不安」による問題行動だろうと考えていました。

怒りの逆転移の行動化

面接が始まってみると、予想どおりAの話は散漫でつぎつぎに逸れていき、しかも一方的でした。

話の内容としては、容姿のコンプレックス、将来の仕事のことなど、いずれも堂々巡りで、しかも話はあちこちに飛びました。私は話に付け入る隙が見出せませんでした。さらに、Aの人間不信にも強いものがありました。特に男性に対するイメージとしては、「男はいつも小柄な女性が好きだ」と一方的に決めつけるので、聞いていて不快な気持でした。私は、Aと関わる相手がAに嫌気が差す気持がよくわかりました。

私がなにかAに異論を挟むようなことでも言おうものなら、途端に不信感を露わにし、セラピーの破綻する危険をひしひしと感じさせられました。その不信感じたいを転移解釈する術も理論的には考えられるところですが、私への不信にむしろ火をつけるように思われました。私は控えめにAのこれまでの人生での傷つきにことばを送り遣ろうと努めましたが、私のことばはAの隙間なく埋め尽くされるトークに吹き飛ばされました。

こうして私のセラピスト機能は、Aの堂々巡りする話を受容的に聞く以外のポジションを与えられず、きわめて制限されたものとなりました。

私の方も、制限されたセラピスト機能に、次第に嫌気が指してきました。とうとうAの機嫌を害するような直面化をおこなったのです。すなわち、Aが夜中まで相手の迷惑も顧みず電話を掛け続けることに対して、自分で気持を抱えることの必要性を説いたところ、『こんなきつい言い方をする先生は初めて。カウンセリングを辞めた方がいいと思う。お金もかかるし』。さらには『わたしだけいじめられて高いお金を取られているのか』など、不信感を露わにしてきました。

さらにAは執拗に、自分の病気の説明を求めてきました。私はそれまで、Aの問題に対しては、控えめに説明しているだけでした。すなわち、「人間関係においてトラブルが続くと、悪い方に受け取りやすく、それが不安感を増して身体症状化しやすかったりする」などです。ですが、次第にAはそれでは納得がいかなくなり、『わたしの問題は、生まれつきの障害なのか、治る病気なのか』と詰め寄ってきました。私はとうとう追い込まれ、嫌気も手伝って、Ａの問題が生まれつきの発達特性があるかもしれないことへの直面化を試みました。そうしたところＡは激怒し『わたしを障害者扱いするのか』『そんなんでカウンセラーか』と言って、私のことを責め立てたのです。そのあまりの一方的な言われように、私も思わずカッとなって、『あなたが説明を求めたから答えたんでしょう』と声を荒げてしまいました。Ａは『カウンセラーが怒った』『カウンセラーが怒っていいのか。怖くてこの場にいられない』と言って、席を蹴立てて面接室を出ていったのです。

こうして私は、「怒り」の逆転移を面接内で行動化し、セラピストとしての〝失敗〟をしでかしたのです。

ケースB

言うわけにはいかない異様さ――不登校の思春期男子

次は思春期の青年Bです。彼は、長髪で顔を隠し、背中を屈めた姿勢で座り、いかにも周囲を拒絶した風体で、父親に連れられて私の前に現れました。

中学までは優秀だったBは、進学校に入学したものの、次第に、思うような成績を上げられず、学校へも足が遠のいていきました。それまで学力によって、クラス内での地位や評価を得ていたBにとって、学力の低下は自分の拠り所を失ったも同然となったのです。Bは次第に家に引きこもるようになりました。

家族は、一流企業に勤める父親と、お嬢さま育ちの母親と、天真爛漫な妹の、四人家族でした。父親は引きこもるBに対して一定の理解を示していましたが、お嬢さま育ちの母親はBのことを理解できず、「恥ずかしい」「情けない」と、Bを追い込みました。Bはそれに対してあからさまな反抗を示すことはなく、自室でゲームをしていることが増えていきました。しかし、母親の圧力に押され、ときどきは登校していました。

生育歴は、小学校時代はスポーツも勉強も万能で、クラスで目立つ存在でした。ですが、みずから友達を作るタイプではなく、優秀だった彼の周りに友達が自然と集まって、彼がクラスの目立つグループに所属していたとのことでした。中学時代も同様で、Bは友達に助けられて、クラス内でスクール・カースト上位に所属していたようでした。そうしたサポートが、高校に入ったところなくなってしまい、彼はみずからのポジションをクラス内で確保することができなくなってしまったのです。

見立てとしては、明確な陽性症状はありませんでしたが、統合失調症の初発の疑いはぬぐえませんでした。というのも、クラスのなかで孤立しており、放課のときは机に突っ伏して時間をやり過ごしていましたが、その際にときどきBのことを「キモい」と囁く声が聞こえると言うからでした。医療機関との連携を図りながらも、まずは孤立感ゆえの被害感だろうと見立て、Bと面接を始めることになりました。

追い込まれた逆転移による行動化

父親に連れられて私のもとに現れたBに、面接への明確な意欲はありませんでした。長髪で顔を隠すように座っているBに、私は何から話を始めたものやらと、いささか途方に暮れました。いきなり学校での様子や家での居心地などに話をもっていっても、それはBの気分をより追い込むように思われました。そこで私は、無難な話題から彼との関係づくりを試みようとしました。ゲームの話に話題を振ったのです。ですが、あいにく私はゲームには詳しくありませんでした。早晩Bにとって、私はつまらない話相手になりました。

そんななかでいきなりBは、私に『ぼくってキモいですか?』と聞いてきたのです。突然の思い切った質問に、私は戸惑いました。なぜなら、Bは実際にキモいといえばキモかったからです。長髪で顔を隠し、背中を丸め、あたりの様子をうかがうように長髪の影に隠れて無表情な顔を覗かせるBは、決して「キモくない」とは言い難いものがありました。

私はとりあえずBの質問の意図を聞くことで、時間を稼ぐことにしました。するとBは、クラスでどうしても自分のことをキモいと言われているような気がするし、実際にそういう囁きが後ろから聞こえたりもする、というのです。事の真偽ははっきりしませんでした。そもそも、はっきりしようもない話です。しかし、確かに彼はクラス内で孤立しており、その孤立感は中学時代までの栄光とは隔絶しており、彼にとっては耐え難いものであることは想像に難くありません。彼は一挙にクラスのスターダムから最下層に転がり落ちたのです。その落差の傷つきたるや、いかばかりのものだったでしょう。

私は困りました。まさか「キモい」とは言えないし、かといって、何も答えないわけにはいかなかったからです。私はちょっと論点をズラそうと思い、次のように答えました――『キモいというよりも、周りを寄せ付けない印象は与えるかもね』と。さらに付け加えて『どうかな、ちょっと髪をまとめて顔を出したらどうだろう。姿勢もちょっと背筋を伸ばすと、周りを寄せ付けない感じは減るかもね。どう思う?』と投げかけました。Bはその場では、私の発言に曖昧に頷いただけでした。ですが、あとで主治医に対して『カウンセラーからキツいことを言われた。もっと優しい先生の方がいい』と訴えました。

こうして私のアドバイスは、Bに対して迫害的な印象を与えたのです。ただ、私の発言が一概に迫害的なものかといえば、そうとばかりも言えません。クライエントとの関係性によっては、もっと素直に受け入れられる場合もあるでしょう。

しかし、ここでの成り行きの背景として、Bから『キモいですか?』といきなり問われたときに、私はその不意打ちに、こころのなかで〝困惑〟が生じたことは確かだったのです。私は確かに困ったのです。私は、その圧力に抗しようと思い、ごまかし混じりにアドバイスを発した感は否めません。

こうして私の逆転移は、母親同様に、Bを追いつめる結果となったのです。

ケースC

可憐な少女のもたらす苛立ち感——摂食障害の青年期女子

可憐で愛らしい女子高生Cが、摂食障害を理由に私のもとに紹介されてきました。彼女はとても笑顔の素敵な女の子でした。

Cは母子家庭で、幼い頃に両親は離婚していました。母親は事務職に就いていましたが、幼いCを育てるために経済的にも男性に頼り、家庭は、男性の出入りの激しいものがありました。母親はCに対してはしつけが厳しく、箸の上げ下ろしまで注意するような怖い母親でした。ですが、Cは母親の期待に応え、小学校から成績は優秀で、学級委員を務めるなど、先生からの評価も上々なものでした。Cの明るさゆえに、友達も周りに集まり、容姿のかわいらしさも相まって、Cは学校では評判の美少女であり優等生でした。

中学校になってからも、Cの魅力は留まることを知らず、Cはクラスのカースト・トップの地位でした。しかし、Cはそれに奢ることなく、誰かれ区別なく接するので、カースト下位グループからも慕われていました。

そんなCが理由のわからない疲れに襲われだしたのは、受験を控えた中学三年生の後半からでした。母親からは良い高校に行くように強くプレッシャーを掛けられていましたが、もともとCは成績もよかったので、無理なく進学校に進むことも可能でした。ほかに疲れをもたらすような理由も特に見当たらないとのことでした。

朝なかなか眠くて起きられない、起きても疲れが残る、ボーとしてしまうなどで、ときどき学校を休むようになりましたが、Cは予定どおり第一希望の高校に進学することができました。高校に入ってからも、Cは嫌なことは特にないのに、疲れがとりわけ朝方に強いと訴えました。学校に行って授業を聞いているのも疲れると言うようにもなりました。しかし、高校生活は相変わらず中学と同じで、楽しいと言うのです。

Cが過食し始めたのは、この頃からでした。無性に食べたくなり、夜中に母親に見つからないように、冷蔵庫の物を手あたり次第に食べたのです。食べ物をのどに掻き込んでいるときは、無我夢中で何も考えておらず、そのあとに激しく後悔し、トイレに行って食べたものをこれまた無我夢中で吐くようになりました。

Cはこれらの過食嘔吐を何とかしたいと、病院を訪れたのです。

可憐さから苛立ちへの逆転移

Cとの面接が始まると、毎回とても感じの良い笑顔で挨拶し、『先生は話しやすい』と、最初から陽性転移がはたらいているようでした。話す内容としては、「自分ではどうしてそんなに疲れるのかよくわからない」「どうして過食したくなるのかよくわからない」というものでした。私がそれらに関して『なにか思いつくことがあれば、ちょっとしたことでも話してもらえますか』と言うと、Cは素直にそれに応じ、考えようとしました。Cは次第に、母親との関係で「もうちょっと自由が欲しい」「友達と同じように門限がもっと遅いほうがいい」など、少しずつ自分の気持に気づくようになっていったのです。

Cとの面接は私にとってもとても心地よく、順調に面接は進んでいるように思われました。ですが私は「いつもこんなに感じよく人と相対していては、疲れるだろうな」と思い、Cにそのことを伝えたりもしましたが、『わたしは小さい頃からそれが当たり前だから「人といて疲れる」と言われても、よくわからない』と答えました。Cのなかに、ネガティブな感情や考えを受信するこころの機能が麻痺しているようにも、この頃、私は考えていました。

そんなあるとき、Cとしては珍しく語りにくそうな表情を見せ、『先生に言っていないことがある』と言ってきたのです。私は思わず前のめりになり、『どんなこと？』と聞き返しました。ですが、Cはなかなか話してくれませんでした。その結果、私の方が頭のなかでぐるぐる想像を巡らす羽目に陥りました。

私は性的なことを第一番に想像しました。可憐な彼女の裏に、なにか性的な秘密があるようにも感じられたのです。というのも、彼女の家庭には、母親の男がよく転がり込んでいたからでした。彼女は性的な虐待にでも遭っているのか？　そうした生育を背負っているのか？　あるいは母親からでも虐待を受けているのか？　など、私の想像は堂々巡りをしていました。

私は毎回、焦らされるような心境に陥りました。Cにそのことを聞いても、『それはもういい』と言って、話してくれないのです。私は焦らし戦術に遭っているような、苛立たしさも感じるようになりました。確かに私はだんだん焦《じ》れていったのです。

もとより、クライエントがみずからの秘密をなかなか話せないことは、それほど珍しいことではありません。私も幾度も経験してきましたし、自然にクライエントが話せる心境になるまで待つことが重要なのは、先刻承知のうえでした。ですが、普段の私とは違って、Cの場合には、わかっていながらも、なぜか〝苛立ち〟が強くなったのです。

そんなとき私は、母親がCのことをよく苛立って叱りつけることを思い出しました。私はそれをCの口から聞いたとき、「どうしてこんなにいい子を叱りつけるんだろう」と、腹立たしさとともに、不思議に思ったものでした。ですが、いまやまさに私自身が内心強く苛立っているのです。

こうして私は、過剰な心配性の母親のように、Cのことを苛立ちながら心配し出したのです。

ケースD どうしようもない薄幸さ――買い物依存の主婦

買い物依存を主訴に、壮年期の主婦Dが私のもとに紹介されてきました。彼女は、精気のない青白い表情で、いかにも幸の薄い印象を受ける女性でした。

結婚後、十数年経ち、Dは嘱託の事務の仕事を任期切れで失い、それからはときどきパートのアルバイトに就きながらも、日々を過ごしていました。しかしDは、事務職のときほどに仕事は長続きしませんでした。というのも、Dは、おとなしい人たちの多い職場では居心地の悪さを感じなかったものの、元気で活発な人たちの多い職場では、途端に孤立気味になったからです。

Dは夫と二人暮らしでした。子どもを望んで長い間不妊治療を受けていましたが、年齢も四十歳を超え、とうとう断念せざるを得ませんでした。ですが、子どもを望んでいたのは夫の方で、D自身はもともと子どもが好きではなかったので、不妊治療をあきらめたときも、それほどショックを受けなかったと言いました。むしろ、長いあいだの不妊治療から解放され、気持がすっきりしたと言いました。ですが、アルバイトも長続きせず、家にいることが増えるとともに、Dの心境は次第に変化を見せるようになっていきました。すなわち、Dは外出を厭うようになり、次第に引きこもりがちになっていったのです。

夫は、まじめで理解のある人でしたが、IT系の仕事をしており、忙しくて夜遅く帰ることが多い日々でした。しかも、夫は家に帰っても、パソコンに向き合うことが多く、夫婦の会話はそれほどありませんでした。

そのような日々を送るなか、Dは長年嘱託として働いた「自分へのご褒美として」、思い切って高価なバッグを買ったのです。Dはその散財に、久しぶりに気が晴れた気がして、家に帰ってバックを何度も眺め、悦に入っていました。

しかし、しばらくするとバックも部屋の片隅に無造作に置かれ、またしても高額な買い物をしたくなったのです。ですが、Dにはもはやそんなに高額な買い物ができるほど、自由なお金は手許にありませんでした。Dは代わりに、安い洋服を買い込むようになっていったのです。しかし、それも手が届かなくなると、次には、スーパーの食料品や日用品などを買い漁るようになっていきました。

これらすべては夫には内緒にされており、ある日、夫が押し入れを開けたところ、奥の方にこれらの買いだめがいっぱい発見され、Dは病院に連れてこられたのです。

どうにもならない無力さの逆転移

主治医から心理療法を勧められ、私のもとに現れたDは、精気を抜き取られたような青白い顔と憔悴した雰囲気を湛えていました。夫も憔悴しきり、『どうしたらいいかわからない。先生にお任せするしかない』と、無力感を強くしていました。私は『買い物依存は神経症症状と一緒で、表にあらわれた現象であり、その背後には意識するのが難しい「こころの不安」があったりするので、心理療法によって、少しずつこころの中身を見ていきましょう』と、導入しました。

面接のなかでDが訴えたのは、「ひとりでいると買い物をしたくなって仕方がないが、それがどうしてなのかわからない」、というものでした。いまではDは、買うものは何でもよくなり、トイレット・ペーパーでも何十個も買って来てしまうと言いました。なので、Dは、金銭をすべて夫に預け、買い物ができないようにしていたのですが、今度はお金がなくて万引きしたくて仕方がない衝動が出てくるというのです。それを防ぐために、Dは図書館に行ったり、車のなかで過ごしたり、買い物のできる場所に近づかないようにしていたのです。

私は、少しずつ買い物衝動の背後にある「なにか」に近づいて行こうとしました。私は、買い物衝動は、おそらく躁的防衛の表れだと考えていたのです。

Dは昔から大人しく、目立たない子どもでした。家にいるのが好きで、家のなかで絵を描いたり一人遊びをしたりしているのが好きでした。中学、高校と特に困ることもなく、大人しいグループに所属し、学校生活を過ごしました。ですが学校に行くのは、不登校にこそならなかったものの、あまり好きではなかったとのことでした。高校卒業後、事務職に就き、適齢期になったので、知り合いの紹介で夫と結婚したのです。

このようにDの生育歴は淡々としたものでした。Dは、こうした生育歴を振り返りながら『これからの人生も何も楽しみがない』と言うようになりました。夫はDに協力的で、Dが衝動買いしても責めることはありませんでした。ですが、夫との生活は、共通の趣味もなく、子どももいなく、楽しみと思えることは何もないと言いました。Dは夫が帰宅すると、毎夜夫に『衝動買いをしたいけれど、どうすればいい？』と、同じ話を繰り返すようになりました。夫は、次第に毎夜同じ話の繰り返しに耐えられなくなり、車で家を飛び出していってしまうことも出てきました。

Dは抑うつベースの焦燥感が強くなり、私はDの抑うつの苦しさに触れ、受け止めようとしましたが、それではDの苦しみは緩和しませんでした。Dは「このままでは夫まで気が変になりそうだし、自分自身も、もう人生を終わりにしたい」と思い詰めるに至りました。実際に、河原の土手に車で出かけ、「ここで死ねたらどんなに楽になるか」と思うようにもなったのです。入院も考えられるところですが、Dは拒否しました。入院しても何も変わらない、というのです。

私は追い詰められました。Dの人生の絶望に対して、なす術がないと思わせられたのです。Dの「希望のなさ」に触れても、それはDの絶望を深めるだけの結果に終わりました。私はどうしようもない〝無力感〟の淵に立たされ、追い込まれたのです。

ケースE

気圧される佇まい――抑うつ状態の青年実業家

青年の面影も残す、四十代前半の実業家Eが、抑うつを主訴に私のもとに紹介されてきました。抑うつではありますが、スーツをピシッと決め、海外との取引で成功したやり手でした。Eは海外で仕事を展開させるために不眠不休で働いていたところ、疲労困憊に達し、あるとき躁転しました。それで、日夜過活動に陥ったり、普段の紳士的なEからは考えられないような暴言を取引先に吐いたりして、日本に連れ戻されたのです。

私の前に現れたときは、それまでの投薬治療が奏功し、すっかり落ち着いた様子でしたが、抑うつを訴えていました。すなわち『何もやる気がしない』と言うのです。この抑うつは躁転後の疲弊状態と考えられましたが、Eの訴えは、もっと深刻な心理的背景を抱えているようにも思われました。

Eは、堅実な仕事に就く父親と専業主婦の母親の一人息子でした。幼いころから優秀で順調に学業を修め、一流大学に進学しました。友人とも旅行に行くのが好きで、大学時代が一番充実した人生だったとのことでした。

いったんは大手企業に入り、海外部門を任されたのですが、その活躍を認められ、取引先からの誘いに乗り、十数年後にみずから会社を立ち上げたのです。Ｅは起業の動機に関して、『そろそろ仕事も慣れ、マンネリ化の兆しを見せてきたので、新たな事業に挑戦したかった』と語りました。

起業した仕事は順調で、会社は拡大していきました。従業員に対しても、待遇や福利厚生をしっかりとした事業展開をしていたので、海外の地元の従業員にもＥの評判は上々でした。外国語も堪能でしたので、地元の人たちとのコミュニケーションにも不自由はしませんでした。傍から見ればＥは、起業成功の高みに達したときに、躁転による初めての失敗をきたしたのです。

気圧されるのなかでの恥の逆転移

Ｅとの面接は私にとって、端から、いささか気圧されるものでした。というのも、Ｅは、スーツをピシッと決め、にこやかに理路整然と話し、外国風の香水を匂わせ、いかにも優秀な実業家という印象を与えたからです。しかも、彼はそれをひけらかすような品のない人ではなく、私の発言には一歩下がって、耳を傾けると言った低姿勢な態度を見せていました。したがって、私はＥのことを自己愛的な人だとは思いませんでした。

ですが私は、Ｅとの面接では、「きちんと話さなければ」とか「言い間違えてはいけない」などの、普段なら受けないようなプレッシャーを感じていました。私はEに対して「恥をかきたくない」というような心境に陥っていたのです。そのせいか、私は意識するあまりに、逆に、自分が発言するとき、ことばを噛んでしまうようなことがたまにありました。その度に私は、弁舌さわやかなEと比べ、きちんと話をできない自分に対して、恥じ入る気持になりました。

Eの話は、自分の会社のこと、社会情勢、文学や芸術など、広く話題は及びました。それらの話はある程度あらかじめ考えられてきたようにも思われましたが、Eには話の種はその場でいくらでも思いつくようにも思われました。ですが、それらの話題をひけらかすという印象ではなく、「自分はこれから何をやっていったらいいのか」という「自分探し」と繋がっていました。すなわち、それらの話は、苦難を乗り越え、生き延びた人たちの生き様の話が多かったからです。したがって、私はEの話題が、一概に内面に触れるのを避けた自己防衛のようにも思われなかったのです。

Eは、今回の「挫折」によって、『自分が何をしたらいいのかわからなくなった』と言いました。事業は成功したものの、本来、物欲には興味がない、というのです。お金を儲けて高価な物品や家を手に入れたいという欲はないと言いました。さらには、現地の従業員の豊かさに寄与していることに関しても、確かにそれは嬉しいが、それ以上のモチベーションには繋がらない、と言いました。ある意味、Eは禁欲的であり、さらには私欲のない人でした。私は、Eが事業も成功し、現地の人たちにも感謝されているのに、欲もなくやる気もないというEのことが不思議で仕方ありませんでした。

そんなとき私は、Eの「欲のなさ」を表現しようと思い、『Eさんは、お金に「こしゅう」しない人なのですね』と、固執を「こしゅう」と発音して伝えました。Eはただちに『こしつです』と、いささか申し訳なさそうに、しかしきっぱりとした口調で、静かに私の誤りを訂正しました。私は即座に恥じ入った気持になり、それ以上ことばを継ぐことができませんでした。

後から調べると、固執は「こしゅう」でも「こしつ」でも、どちらでも間違いではないことがわかりましたが、そのときは、私は「完全に間違った」と思い込み、内心、恥じ入ってしまいました。

こうして、優秀なEを前にして私は、自分がきちんとしていないような人間に思え、彼の内面に踏み込むことができなくなったのです。

プロローグ

これから本篇に入っていきますが、このレクチュアの性質を読者諸氏にあらかじめお示しするために、私が精神分析の実際と出会った原風景からお話ししましょう。

今から四十年ほど前のことです。今となっては、それが現実なのか夢なのか、はたまた事後的に改変が加わった記憶なのか、もはや定かではありません。ですが、その風景は、まるでドラマの一場面のように、ときどき私の脳裏にうすぼんやりと浮かんでくるのです。

⚜

当時、私は、大学を卒業し、名古屋大学精神医学教室の医局に心理研修生として所属していました。大学時代から文学や哲学が生半可にも好きだった私は、医局の精神療法グループで交わされる「人間知」に関する討論に、すぐさま魅了されました。当時、成田善弘先生を初め、精神療法グループのメンバーには、精神分析を志向する人たちが数多くいました。その繋がりで、おそらく私は、そのとき初めて日本精神分析学会の大会に出席したのです。
壇上では、ある演者が堂々と自分のケースについて熱弁をふるっていました。どこか、春のうららかなひと時だったような気がします。ですが、私は、その発表の中身に唖然としました。春のうららかさとはまったく相反する、エキセントリックな内容だったのです。
――『わたしは、この患者さんとセックスする夢を見たのです』
なんと、壇上の演者は、境界例の患者との面接を重ねるうちに、自分が盛んにセクシュアルな夢を見たことを、臆面もなくあけっぴろげに語っていたのです。私はそのあけっぴろげさに、驚きとともに、何やら摩訶不思議な魅力を覚えました。
そのときフロアから、大御所と思しき御仁が立ち上がり、痛烈な一言を発しました。
――『あなた、そんな夢を見るなんて、あなたの方が精神病ですよ』
その後、その演題がどうなったのか、もはや覚えがありません。そもそも、これは現実の出来事だったのでしょうか？　単なる私の妄念かもしれないのです。今となっては、その真偽を確かめようもありません。

それから四十年ほどの月日が流れました。今の私から振り返ると、あらためて、これが私の精神分析の原風景となった意味が、事後的に了解されるように思われるのです。
その意味とは――「精神分析においては（あるいは、そもそも人間関係そのものにおいては）〝本音〟を語る真実味によって、関係性の実感を得られるものだ」ということでした。演者の夢も、フロアからの批判も、紛う方なき本音のぶつかりあいなのです。しかも、この〝ドラマ〟は、エキセントリックでアグレッシブな成分を多分に含みながらも、どうやらカタストロフを迎えていないのです。本音のぶつかり合いをしながらも、破壊的にならずに、納まるところに納まったようなのです。

もちろんこれは、精神分析を共通基盤とする臨床家同士のぶつかりあいだからこそ、できた芸当かもしれません。

⚜

話変わって、現代の世相に目を移してみましょう。昨今の忖度や「きれいごと」で塗られた嘘とごまかしの世界には、目を覆わんばかりです。世間ではポリティカル・コレクトネスが大流行りで、「正論」ではない言説は有無を言わずに圧殺されます。多様性とは名ばかりで、言論や思想の画一化が進められているように思われるのです。その裏で、金儲け主義の巨悪がほくそえんでいることでしょう。世の中の考え方が画一化されれば、その流れに乗った金儲けには好都合だからです。

こうした正論やきれいごとは、私たちの臨床状況にも大きく影を落としています。私たちが臨床場面で出会う虐待やDVなどの事象は、きれいごと社会から排除された「人間の本性（本音）」が、暴虐化していると言ってもよいでしょう。そうした暴虐を振るう輩が、表では紳士的で、よい父親や夫という「きれいな」顔をしていることは、決して珍しくはないのです。

私たちの社会はきれいごとと暴虐に分断されてしまっている、と言うとそれは言い過ぎでしょうか。

⚜

話は戻って、私の精神分析「原風景」についてです。

壇上とフロアで繰り広げられたドラマには、忖度もきれいごとも、何もありません。ただ単に、お互いが自分のこころのなかにあるものを、うそ偽りなく交換し合っただけです。そこに、人と人とが関わることの手応えや実感が生まれないはずがありません。私には、そこに精神分析の原点があるように思われるのです。

フロイトの症例ドラが、フロイトの言葉によって傷つけられ、フロイトのもとを去りながらも、後年『フロイトこそ〝本当のこと〟を語ってくれた』と言ったという、その真意は、そういうことだったと思われるのです。このように「本当のこと」は、諸刃の剣です。劇薬なのです。〝本音〟は時に人をひどく傷つけます。

私は、精神分析「原風景」の後、実際にその演者にスーパービジョンを受ける機会を得て、数年、通いました。それは、まさに刺激の多い、とても魅惑的な時間でした。さらにその後、正統派の分析家にもスーパービジョンを受け、とても魅了されました。

私は当時、市井の総合病院精神科にて勤務していました。そのせいもあったのでしょう。私はそれらのスーパービジョンに、次第に違和感を覚えるようになっていったのです。その違和感を言葉にすれば、「そんな本質的な解釈（本音）を、単に主治医から勧められたから心理療法を受けているだけのような患者に伝えたところで、傷つけるか、中断するかだけですよ」という感覚でした。

　私の臨床状況では、セラピストと患者のあいだに心理療法という営みが成り立つ共通基盤が成立していなかったのです。ですから、心理療法に対する動機もないような患者と面接する機会の多かった私と、分析に適応する患者を自由に選べる臨床家とでは、臨床の畑の違いは如実でした。日常臨床と原理的な精神分析との畑の違いともいえるでしょう。

　そうした実情もあって、その後、私は原理的な精神分析志向からは離れました。ですが、それでも、個人の内面を探索する精神分析には魅力を感じ、なんとかそれを日常臨床の在野に降ろしてこられないものか？　と工夫を考えるようになりました。それが、私の二冊のモノグラフに「内的マネージメント」として記した[I-2]サポーティブな心理療法の工夫です。なぜなら内面を探索する前に、まずはその侵襲に耐えうるだけの、自我の基盤を整えることが必要だと考えたからです。

　さて、今回私は、ふたたび私自身の精神分析の原風景に舞い戻ってきたように感じています。サポーティブな関わりの先には、やはり、**きれいごとではない**人と人との本質的な関わり、もっと平たく言えば〝本音〟の部分での関わりが、人の成長や健康に欠かせぬ要素だと思うからです。精神分析は、そこに信憑を置いているように思われるのです。

それには、型どおりのお作法ではなくこころを使った臨床が要請されます。

⚜

セラピストが〝こころを使う〟とは、どういうことでしょうか？

共感、受容をモットーとし、あらかじめ「共感しよう、受容しよう」とこころを整えて、クライエントと関わることでしょうか？　もちろん、セラピストの基本姿勢として、共感や受容に繋がる「親心」や「援助心」をあらかじめ備えていることは、共通基盤として必要です。援助心がなければ、そもそも援助関係じたいが成立しません。

ですが、クライエントとの関わりにおいて、共感・受容が自己目的化してしまっては、それはイデオロギーや思想と変わるところがなくなります。なぜなら、セラピスト機能があらかじめ共感思想やその行動原理によって定められてしまうからです。その場合、〝こころを使う〟のではなく、共感思想がいちばん高い地位を占めることになります。そうだとすれば、それは今日のポリティカル・コレクトネスや正論と違わなくなってしまいます。

ひるがえって、セラピストが〝こころを使う〟とは、どういうことでしょうか？　――それこそが、逆転移というテーマなのです。

《逆転移》とは、概念的な厳密さをさて措けば、セラピストの「本音」にほかなりません。患者やクライエントと相対しているうちに、否応もなくセラピストのこころのなかに湧きあがってくる、クライエントに対する本音です。

では、「本音」とは何でしょうか。それは、みずからの本性から発する〝こころの声〟でしょう。つまるところ、みずからの本性抜きにしては、生きた関わりをもつことはできないのです。私たちは、そして「自己を知る」とは、「自己の本性を知る」と、ほとんど同義といっても構わないのです。私たちは、みずからの本性を知ったところから、各人固有の〝生〟を生きることも可能になるのだと思われるのです。

ですが、セラピストがクライエントに本性丸出しで関わっていいはずがありません。そこには「技」が必要となるのです。

今回、私は、サポーティブな関わりの先の境域、すなわち、関わる本質を通しての「自己を知る」境域に歩を進めたくなりました。そのためには、〝こころを使う〟こととしての《逆転移》のテーマが、召喚される必要があったのです。

これから始まる本篇では、各分析家や分析的臨床家が、みずからの本性から発せられる「本音」をどのように各人の〝技〟によって使いこなしているのか、その腕前をとくとご覧いただければと思います。

第Ⅰ部

逆転移とは何か——総論

序章では、いわゆるセラピーにおいてどのように《逆転移》が生起するのか、その実際を具体的にお示ししました。同じセラピストであっても、対象クライエントによって、さまざまに逆転移が異なってくることをおわかりいただけたでしょうか。

「うんざり」したり、「追い込まれ」たり、「苛立」ったり、「無力」だったり、「気圧され」たりなど、その表れ方はさまざまです。ですが、だいたいネガティブなものが多いことに、気づいていただけるところでしょう。もちろんなかには、セラピストの方がクライエントに対して好意を抱くような陽性逆転移がはたらくことも少なくはないのですが、セラピーが佳境になってくると、ネガティブな陰性逆転移が動きだすものです。それには理由があるのです。

ですが、その解説に入る前に、まずはひととおり《逆転移》の考え方の歴史を振り返っておく必要があるでしょう。それによって、私たちは逆転移の奥深さを知り、逆転移の理解や活用に関して、先人たちの知恵から学ぶことになるのです。

第一章　逆転移論の始まり——克服されるべきものとして

精神分析において《逆転移》が発見されたのは、もちろんジークムント・フロイトを嚆矢とします。ですが、フロイトの逆転移に対する考え方は「排除すべき」というところから始まったのです。

鏡のような態度

S・フロイトはよく知られているように、分析家の態度として中立性を基本とし、「鏡面のように、その前に示されたものだけを映す」という鏡のような態度を推奨しました。[1] すなわち、分析家は患者の話に対して鏡面のようなまっさらな心持で話を聞くのを本分とし、邪念など湧いたりしてはならない、というのです。もし患者の話で分析家のこころがざわめき立つとしたら、それは分析家の病理や未熟さの表れなので、分析家自身が教育分析を受ける必要がある、と主張しました。このようにフロイトは《逆転移》を克服すべきものとみなしたのです。[2]

こうした考え方は、今日では「狭義の逆転移」と概念化されています。すなわち、分析家あるいはセラピスト側の病理としての逆転移です。「広義の逆転移」に関しては、のちに逆転移論におけるコペルニクス的転換が起きましたので、その折に触れることにします。

こころざわめくフロイト

このように《逆転移》はフロイトにとって克服されねばならなかったわけですが、皮肉なことに、実際にはフロイト自身も逆転移に翻弄されたりしているのですね。それが〈ドラ症例〉において如実です。[3] ドラ症例は、一般にはフロイトに「転移の発見」をもたらした記念碑的症例と言われています。ですが、同時にそこにはフロイトの逆転移も濃厚に表れているのです。簡単に概略を紹介しましょう。

十八歳の魅力的な少女ドラは、呼吸困難や神経性の咳などの症状によって苦しんでいました。ある日、父親が、自殺をほのめかす娘の手紙を発見し、驚いた父親によって慌ててフロイトのもとに連れてこられたのです。

それを契機にフロイトの分析を受け出したのですが、次第に明らかになっていったのは、ドラが父親の友人K氏に誘惑されていたという事実です。二十歳ほども歳の離れた妻子持ちの中年男性から、ドラは言い寄られ、強引にキスまでされていたのですね。いまでいう性的トラウマです。これらのことをドラはフロイトに打ち明けたのですが、フロイトは、ドラの話を事実としては認めたものの、それによって一方的にトラウマが形成されたとは考えなかったのですね。

なぜならフロイトは、神経症の発症メカニズムに関して「リビドー（幼児性欲）の抑圧」説を採っているからです。ですから、ドラの性的トラウマは、ドラ自身の性的欲動も大いに関与していたとみなしたのですね。ことばを換えれば、性的に誘惑されて傷ついたというのは嘘で、「本当はドラもK氏のことを欲望していた」と考えたのです。なのにドラはそれを罪悪感や羞恥心から認められないので、神経症症状に置き換わった、とフロイトは考えました。

この文脈でフロイトはどんどん解釈していきました。たとえば、ドラの症状のひとつである吐き気は、K氏にキスされたときの性的興奮の身体上部への置き換えであり、本来、健康な少女なら性的興奮を感じないはずがないとか、さらにはドラの神経性の咳は、フェラチオ空想のなせるわざだなど、かなりどぎつい解釈をしていったのです。これに思春期の少女ドラが傷つかないはずがありません。

結局のところ、十一週間ほどのセラピーでドラ症例は中断しました。ですが、中断から一年三ヵ月後に、ドラは顔面神経痛のセラピーを求めて、フロイトを再訪したのです。このあたりの事情を考えると、ドラはフロイトのことを単に嫌悪して離れていったわけではないようです。事実、のちに大人になったドラは、フレデリック・ドイチュという分析家に治療を受けたようですが、その際にフロイトのことに言及し、「本当の真実を言う人だった」と回顧したとされます。[4]ドラは真実を明らかにしようとするフロイトの態度に、分析家としての純粋な魅力も感じていたのでしょう。

話戻って、ドラは中断後フロイトを再訪したのですが、そこでフロイトはドラのセラピーを引き受けませんでした。その理由が振るっています。ドラの顔面神経痛は、強引にキスされたときのＫ氏に対する平手打ちに対する自己処罰であり、セラピー中断という平手打ちをフロイトに食らわしたことへの自己処罰の症状でもある、というのです。それでドラに対して『あなたの病気を私はもっと徹底的に取り除きたかったのに、あなたは私からその喜びを奪ってしまいましたね。しかし、そのことはもう許しましょう』と告げて、ドラを追い返してしまったのです。

どうなのでしょうか、これはフロイトのドラに対する「復讐」と言っても、あながち的外れでもないように思われます。フロイトは、ドラの中断がよほど悔しかったのでしょう。フロイトは、ドラの症例を中断直後の一九〇一年一月には書き終えていたのですが、それを公表したのは一九〇五年で、発表までに四年の歳月を費やしたのです。しかも、ドラ症例がいちばん精密に書いた事例史だと自認していたのですが、「一般には嫌悪感を掻き立てるだろう」と思い、発表を先延ばししたのですね。

どれほどドラ症例によってフロイトのこころがざわついたのか、「鏡面のように、その前に示されたものだけを映す」態度とはかけ離れたものだったのかは、容易に察せられるところでしょう。ですがフロイトは、みずからの〝こころのざわめき〟をごまかそうとしないところが、さ**す**がなのです。

もうひとつの側面

フロイトが《逆転移》を語る場合、「克服すべき逆転移」というアイデアがメインとなっている、ということは先の項でお話ししたとおりですが、それ以外にもフロイトは、逆転移に関する考えを示しています。それが〈同情的理解 *sympathetic understanding*〉です。[5]

これを説明する前に、フロイトの《転移》論を簡単におさらいしておく必要があるでしょう。フロイトは、転移には「抵抗となる転移」と「セラピーの担い手となる転移」の二種類があることを明確にしました。[6] 前者には、性愛性転移と陰性転移が含まれ、後者には、陽性転移のなかの「愛着 *affection*」がそれにあたるとしたのです。フロイトは転移を、セラピーの妨害としてのみならず、セラピストへの愛着という、セラピーを推進する力としても見ているのです。

フロイトの言う〈同情的理解〉とは、「愛着としての転移」のカウンターパートともいえる逆転移であり、「共感的理解」と同義と考えてよいでしょう。すなわち、セラピストなら、患者やクライエントに対する共感性を前提にして、セラピーに当たる要がある、ということですね。この考え方は、後にモネー-カイルやラッカーの正常な逆転移論に繋がりますが、それに関しては後の項で説明します。

いずれにせよフロイトは、逆転移に関しても、単にネガティブなものとみなしているばかりでもなく、彼らしい非常に広い視野のもと、現代的な考えにも繋がるような思考の一端を示していることを、ここで押さえておきたいと思います。

逆転移による理解は認められない［M・クライン］

メラニー・クラインの《逆転移》に関する考え方は、基本的にはフロイトと同様で、「克服すべき逆転移」という観点です。すなわち、セラピストは、教育分析を受け、みずからのこころをクライエントによってざわめき立たないように修練する必要がある、ということです。

投影同一化の提唱

しかし、もう一方でM・クラインは、精神分析を新たな地平に誘う導き手となりました。それが、〈投影同一化〉概念の提唱です。[7] この概念の登場により逆転移概念が、クライン以降、急速に発展していったと言っても過言ではありません。

投影同一化概念以前にもすでに、似た概念として〈投影〉概念がありました。フロイトが「シュレーバー症例」によってとりわけ使用した概念です。[8] 投影とは、自己のなかの受け入れがたい不快な情動や思考を対象のなかに投影し、そもそも自己の属性であったものを対象の属性とみなす、という機制です。したがって、妄想症のシュレーバーは、自己の女性化願望を投影し、主治医であったフレヒジッヒ院長から犯される、という妄想を形成していったのです。すなわち、妄想形成の基盤には投影機制が強く関与していた、ということです。

クラインは、この投影概念を対象関係の関係性の文脈を強調して、使用していったのです。たとえば、幼児の「憎しみ」などの悪い自己部分は、母親の内部に投影され、母親は悪い自己を含んだ悪い対象となり、幼児にとって攻撃的対象関係の原型が形成される、というのです。すなわち、攻撃的で悪い対象関係というものは、「悪い自己を含んだ対象が自己に報復してくる」という幻想を形成し増幅していく、ということです。

やはり克服されるべき逆転移

ところで、M・クラインが《逆転移》に関して言及しているところは多くはありませんが、たとえば「羨望と感謝」のなかでは、患者に同情するような逆転移から分析家が患者を慰めることになるのは意味がない、という趣旨のことを述べています。[9]
クラインが言うには、分析家は患者から心動かされてはならないし、ましてや分析家が逆転移による行動化を起こすのはもってのほかである、と。さらには、逆転移が患者理解のヒントになりうる、とは考えもしませんでした。あくまでも逆転移は、分析家自身の分析によって克服されるべき障害物だったのです。
のちにハイマン以降、無意識的コミュニケーションとしての〈投影同一化〉を理解するために、《逆転移》の活用が叫ばれるようになりました。こうした逆転移による患者理解に、クラインは猛烈に反発しました。ある若い分析家が、ケース検討の席で、自分は混乱したので、患者が自分に混乱を投影しているのではないかと解釈した、と言ったのです。それに対して、クラインは、「違うでしょう。あなたが混乱しているのです」と言い放ったとのことです。[10] つまり、その若い分析家自身が患者に対する理解が足りずに混乱しているだけなのだ、ということです。クラインにとって逆転移はあくまでも、分析家が適切に機能していないときに生じる障害物であり、個人分析によって克服されねばならないものだったのです。

こうしたS・フロイト‐M・クライン路線の逆転移概念に革命を起こしたのが、クラインの同僚でもあったポーラ・ハイマンだったのです。

ポーラ・ハイマンは一九五〇年に「逆転移について」という論文で、画期的な観点を打ち出しました。[11] すなわち、《逆転移》は「患者のパーソナリティの一部」であり、「分析家の逆転移は、患者の無意識を探索する道具である」と高らかに宣言したのです。分析家は逆転移によって、患者の無意識的コミュニケーションをキャッチすることもできる、と考えたのです。これは、「克服すべき逆転移」という観点とは一八〇度違う、コペルニクス的な認識の転換となりました。逆転移はもはや分析家側のトレーニング不足でもなく、ましてや病理とも言い切れなくなったのです。

Ｐ・ハイマンがこうした逆転移論を唱え出したのには、理由があります。というのは、あまりにも分析の訓練生が自分の感情を恐れ、超然としたセラピストとして振舞おうとしていたからだ、というのです。中立性を保とうとするあまりに、訓練生は自分のこころを動かさないようにしていたのですね。それに対してハイマンは「それはちょっと違うんじゃないの？」と異議を唱えたのです。

これはクラインにとっては、承服しがたい話だったのですね。クラインは、ハイマンのこの論文を機に、袂を分かったと言われます。

さて、ハイマンがどのように「無意識を探索する道具」としての逆転移を使用したかをお示ししましょう。ハイマンは四十代男性の臨床ビネットを提出しています。

この男性は、離婚を機にハイマンの分析を受けることになりました。主訴が性的行動化ということで、すぐに女性と性的な関係になってしまうのですね。

分析が始まると早速、患者の行動化が起きます。三週目で、少し前に知り合ったばかりの女性と結婚したいと言い出したのです。分析が始まってこういうことが起こるのは、それほど珍しくはありません。セラピストとのあいだで親密性というものが刺激されると、外の人間関係でその行動化が起きやすいのです。特にハイマンは女性ですから、女性との親密性というものが刺激されやすいわけです。そういうことが分析のなかで起きるというのは、ハイマンも先刻承知だったのですね。

ですが、そのときハイマンは、通常とはいささか違う気持が自分のなかに生じていることに気づき、違和感をもちました。つまり、いつもの自分ならこうした行動化にそれほど動揺しないのに、ハイマンは普段よりも心配になってしまったのです。

それでよくよく考えてみると、ハイマンは次のような患者の発言に戸惑ったことに気づきました。すなわち、患者が言うには、その女性が「たいへん苦労している」人なので、「結婚したい」と思った、ということなのですね。少し前に知り合ったばかりの女性に対して、苦労しているからといって、それほど入れ込んでしまっているわけです。でもハイマンは、患者のその発言がどうしてそこまで自分を心配させたのか、まだ充分には理解できなかったのです。結婚を焦る患者に対して、分析家として心配になるのはわかるのだけれども、それ以上のなにかがまだあるような気がしたのです。

そのうち患者が夢を報告したのですね。次のような夢です。

外国から傷ものの中古車を買った。患者はその中古車を修理したかったが、夢に出てきたもう一人が注意深く反対した。患者は、中古車を買うためにはもう一人を「混乱させなければならない」と思った。

要するに、傷ものの中古車を買って修理したいんだけれども、それは注意した方がいいと、もう一人の誰かが警告した。でも、患者はやっぱり中古車を買いたいから、冷静なもう一人を混乱させなければならない、という夢の内容ですね。

ハイマンは、この夢に関して患者の連想を聞きながら、分析を進めていきました。結局のところ、夢のなかの傷ものの中古車が何を表していたかというと、「苦労してきた傷ものの女性」であり、「傷もののセラピスト」であり、「傷ものの母親」であり、ということだったんですね。

さらにハイマンは、「傷もの」ということから、本当は患者のなかにサディスティックな「傷つけたい衝動」があるのだろうと考えたのです。つまり、この患者は、苦労している女性と結婚して助けたいと、良い人ぶっているけれども、本当はサディスティックな傷つけたい衝動もあるのだろう。つまり、本当は「傷もの」が好きなのだろう、と考えたのですね。でも患者は、その罪悪感によって中古車の「修理」ということを言い出しているのだろう。だから、これは「偽りの修復」であり「偽りの結婚願望」なのだろう、ということなのです。

患者の性急な結婚願望には、こうしたサディズムの衝動性や欺瞞性が裏に潜んでおり、それを防衛するために、ごまかすために、患者はやたら結婚を急いだ。ハイマンは逆転移としてその危険性を察知し、通常ならざる不安を感じた、ということなのです。

今日から見ても、ハイマンのこの見解は、決して古びていない、逆転移による患者理解の本質を突いているように思います。すなわち、ハイマンのキャッチした通常ならざる「心配」は、患者のこころからは分裂排除されていた「傷つけたい衝動」や「偽りの修復」への反応だったわけです。ハイマンは、逆転移を通して、それらのサディスティックな衝動をキャッチしたわけです。

ただ、通常ならざる不安からサディズム衝動の理解に至るには、いささか飛躍があるわけです。ハイマンの逆転移のなかには、述べられてはいませんが、ハイマン自身の「患者に対するサディズム衝動」の感知もあったのかもしれません。

いずれにしろ、こうした理解はきわめて間主観的なものであり、その正当性の根拠は、その後のセラピーのなかで確かめられるほかないわけですね。今日のエビデンス・ベイストな心理療法とは対極なわけです。ですが、私たちの人間関係のもたらす実感が、こうした間主観的な領域にしか存在しないことも確かであり、それを精神分析は、ハイマン以降ことさら重視する時代に突入していったのです。

十年後の忠告［P・ハイマン］

P・ハイマンの上記の論文が登場して以来、「逆転移は患者の無意識を探索する道具である」という考え方は、ずいぶんと定着していきました。

ですが、今度は一転して、患者理解の根拠をすべて《逆転移》にもたせようとする訓練生や分析家が増えてきたのですね。すなわち、患者理解の根拠を問われると、「それは私の逆転移に依るものです」という返答が返ってくるようになったわけです。逆転移の濫用ですね。逆転移という針が、極端から極端へと、反対方向に振り切れてしまったのです。

ですからハイマンは上記論文の十年後に、今度は逆転移の濫用について忠告する論文を書かざるを得なくなったわけです。「訓練生は、どんな質問に対しても『私の逆転移です』と答えるようになった。その結果、分析状況で解釈と実際のデータとを照らし合わせようとしなくなった」として。[12] すなわち、患者理解の根拠を不用意に逆転移に置くのではなくて、臨床素材からきちんと裏づける必要がある、ということですね。

当たり前といえば当たり前の話ですが、それくらい、逆転移による患者理解の手法は、分析家たちを魅了してしまったのですね。このあたりの逆転移に関する魅力と危険を、後の分析家であるハンナ・シーガルが言い得て妙な表現をしています――「逆転移は、もっともよい召使でもあり、最悪の主人でもある」と。[13]

私たちは、逆転移による患者理解に溺れてはならないし、かといって不感症になってもならない、という微妙なバランスの上に立つほかないのでしょう。

逆転移の二種

結局のところ、今日の《逆転移》に関する考え方は二種類に分けられます。すなわち、狭義の逆転移と広義の逆転移です。

まず、前者から説明しましょう。〈狭義の逆転移〉とは、S・フロイトやM・クラインの言う「克服すべき逆転移」です。すなわち、分析家・セラピスト、広く援助者などは、彼ら自身もみずからのこころの問題や特性や、時には病理を抱えています。そうした支援する側がみずからの病理や特性に帰せられるべき逆転移を、狭義の逆転移と言います。ですから、こうした逆転移に関しては、きちんと自覚して、時には個人分析を受けるなどして、支援する側はみずからの特性や病理をわきまえておく必要があるわけですね。でないと、みずからの問題なのに、患者やクライエントのせいにしてしまうことも起きてしまいます。

一方、〈広義の逆転移〉とは、P・ハイマンの言う「無意識を探索する道具」としての逆転移です。ことばを換えれば、患者からの**無意識的コミュニケーションを探知するもの**としての逆転移ですね。これに関しては、すでに前項で説明しました。

このように逆転移は、概念的には一応ふたつに分けられ、整理されたのですけれども、実際の臨床ではセラピスト要因かクライエント要因かというのは、判然と区別しがたいことが珍しくありません。なぜなら、そもそもきわめて間主観的な話なので、その判断の正当性は担保しがたいのです。

さらに今日では、逆転移に対する考え方は、もっと複雑になっています。クライン派のイルマ・ブレンマン・ピック[14]は、患者の未解決な葛藤が投影されるのは、セラピストの病理に向けてである、と言っているのです。たとえば、マゾヒスティックなセラピストなら、患者はセラピストが自責感をもつような仕方で無意識に振舞い、セラピストのマゾヒズムを投影のターゲットにする、というのですね。ですから、セラピストはみずからのウィークポイントを突かれ、逆転移に巻き込まれてしまう、ということにもなりうるのです。

こうなってくると、逆転移の二種も截然とは区別しがたくなりますね。セラピストや援助者は、知らず知らずのうちにみずからの病理に患者の病理を呼び込んでしまっているわけですから。逆に言えば、セラピストの病理は患者の病理が投影しやすいように、利用されてしまっているわけですから。

ですから、セラピストとして努力できることは、みずからの逆転移を吟味して、みずからの病理かクライエントからの投影なのかをできるだけ腑分けしながらも、そこから生じたクライエント理解を、きちんとクライエントとのあいだで検討し、セラピーに活かしていくほかないのでしょう。

それだけに、逆転移はシーガルの言うように、魅力的でもあり危険な道具でもあるのです。

第三章　グループにおける発見――ビオンの見出した逆転移の有用性

さて、ポーラ・ハイマンと同時期に《逆転移》の臨床的利用を唱えた分析家がいます。それは、ウィルフレッド・R・ビオンです。ビオンは、彼の臨床実践の出発点であるグループ療法において、逆転移の有用性を見出しました。

まずは、W・R・ビオンの発言を見ていきましょう。

約束の時間になると、グループのメンバーが現れ始める。人々はしばらくのあいだ、互いに話しをしているが、ある一定の人数に達すると、グループ全体が沈黙してしまう。しばらくの後、また漫然と会話が始まり、また沈黙が訪れる。グループの注意の焦点は、ある意味で私にあるのだということが、私には明らかになってくる。さらに進むと、私が何かすることを皆が期待しているのだと知って、私は自分が不安を感じていることに気づく。

ビオンのグループ療法は、リーダーがファシリテートしていくようなサポーティブなグループではありません。個人分析における自由連想に似て、グループのなかでメンバーは、何を発言しようとも自由で、それは個々の判断に任されます。したがって、場には沈黙が多くなったり、互いの様子を窺ったりなど、不安が高まります。リーダーには不安な局面の打開が期待されます。しかし、リーダーは、場をファシリテートしないので、ますますメンバーの不安は高まります。

これは、世話してくれる人のいない「不在」状況をグループのなかで作り上げているのです。それによってグループのなかでは、精神病性不安が喚起されることになるのです。

逆転移現象の体験は、分析家をして、自分が投影同一化の対象となっている場合とそうでない場合とを識別させうるはっきりした性質をもっていると私には思われる、［中略］**分析家は誰か他人の幻想のなかで、あるひとつの役割を果たすように操作されていると感じるのである。**

ビオンは、P・ハイマンが個人分析のなかで発見した逆転移の意義を、グループ療法のなかで見出したのです。すなわち、グループ・リーダーは、グループの場で精神病性不安が醸成されるなか、メンバーからさまざまな不安、葛藤、欲望などを投影される対象となります。それゆえに、リーダーは、その圧力によって動かされそうになるのです。

リーダーの不安とグループ力動

たとえば、メンバーの怒りが高まれば、リーダーは自分の力のなさを不甲斐なく感じたり、メンバーの無力感が高まれば、メンバーを鼓舞したくなったりするかもしれません。しかし、本来分析家の役割は、そのグループのなかで起きている現象やその背後の無意識を理解し、メンバーに解釈していくことなのです。その点で、個人分析と変わるところのないグループ療法をビオンは考案し、実践していったのです。そのグループ力動を理解し解釈する肝となるのが、リーダーであるセラピストの逆転移であることを、ここでビオンは主張しているのですね。

自由連想的なグループ療法を経験したことがある人ならおわかりだと思いますが、グループにおけるリーダーの不安の高まりは、個人療法の比ではありません。それほどグループは、集団力動として強力な圧力をリーダーに加えるものです。

こうしてビオンは、ハイマンと同時期に、グループ力動の理解において逆転移が肝となることをいち早く見出していたのです。

今日でもそうですが、《逆転移》論は、クライエント側の病理が投影同一化を介してセラピスト側に伝達されるという、病理中心のクライエント理解に比重が置かれています。それに対して、逆転移のなかにはセラピストならもっていて当たり前の、親心であったり共感であったり、正常なものもあるはずだと唱えたのが、ロジャー・モネー－カイルとハインリッヒ・ラッカーです。

まずはモネー－カイルから見ていきましょう。

R・モネー－カイルは、それまでの逆転移論とはまったく角度の違った逆転移論を提唱しました。それが〈正常な逆転移〉[15]です。

これは、クライエントの情緒的な葛藤に巻き込まれずに、クライエントの幸せに関心を寄せるような逆転移のことを指します。したがって、セラピストや援助者なら、あらかじめこころに有しているような逆転移ですね。私たちが、セラピストや援助者になろうとした動機の重要なひとつでもあるのではないでしょうか。

モネー－カイルはさらに、この正常な逆転移をふたつに分けています。ひとつは、セラピスト側の〈修復欲動〉であり、もうひとつは〈親的欲動〉です。

まずは、修復欲動から説明しましょう。修復欲動においては、クライエントはセラピストにとっての無意識的な過去の傷つけた対象になるのです。つまり、セラピストが生育のなかで傷つけてきた、親や同胞や友人など、過去の誰かのことです。それが内的対象として、セラピストのこころのなかに内在化されており、クライエントと相対するとき、過去の対象が傷ついたクライエントと重なって、償いの気持としての修復欲動が発動されるのです。

私たちセラピストや援助者が、そもそもこうした職に就くにあたって、「償いたい」という願いがあるのは珍しいことでもなく、それをモネー－カイルは広く援助職にとっての正常な逆転移と位置づけたのですね。さもありなん、と納得させられるところではないでしょうか。

もうひとつの〈親的欲動〉に関しても、これまた広く援助職に共通するような逆転移です。すなわち、クライエントは、セラピスト自身の過去の未熟で病的な自己なのです。

私たちは幼少期において多かれ少なかれ、未熟だったり、悩みや葛藤を抱えたりしていたわけです。そうした要因も、私たちが広く援助職に就こうとした動機の背景としてあり、それゆえクライエントも過去の未熟な自分と重なったりします。

ことばを換えれば、セラピストの幼少期の自己とクライエントの幼児的自己の部分的同一化が生じ、私たちはクライエントに相対する際に、過去の未熟な自己を援助するように、クライエントのことも援助したくなるのです。

モネー＝カイルは、こうした逆転移は共感の基礎ともなっており、「共感は正常な逆転移感情を含んでいる」[16]というのです。すなわち、共感のなかにはセラピスト側のクライエントに対する同一化がはたらいている、ということですね。

正常な逆転移からの逸脱

モネー＝カイルは、こうした〈正常な逆転移〉をセラピストの保持すべき基本的態度とみなしました。そして、その基本軸からセラピストが逸脱してしまうときこそが、クライエントからの病的な〈投影同一化〉によって、セラピストに厄介な逆転移がはたらいているときである、と考えました。たとえば、セラピストが話の脈絡を見失ったような感覚に陥り、クライエントに対して他責的になったり、あるいは逆に自責的になったりするような局面のことを指します。

ですから、正常な逆転移から逸脱したときには、ハイマンの言うような、患者からの無意識的コミュニケーションに相応したセラピスト側の逆転移が生じているのであり、そのときには患者の**無意識を探索する**ために、逆転移は使われるべきなのです。すなわち、セラピストはみずからの逆転移をよくよく吟味し、クライエントからの無意識的メッセージを読み取っていくことが必要になります。

このようにモネー＝カイルは、正常な逆転移論によって、セラピストが基本姿勢として保持すべき逆転移を提唱しました。さらには、そこからセラピストの気持が逸脱していれば、病的な投影同一化によって患者からの無意識的メッセージがコミュニケートされている可能性が高いと唱えたのです。

融和型と補足型

H・ラッカーの観点は、モネー-カイルとほとんど相似形です。ですから、ここでは簡略に説明するに留めます。

モネー-カイルの打ち出した〈正常な逆転移〉が、ラッカーの言う〈融和型逆転移〉[17]に当たります。ラッカーは、これを「昇華された陽性の逆転移」という言い方もしています。すなわち、共感の基礎となるような逆転移のことです。

ラッカーは、融和型逆転移をセラピスト側からのクライエントに対する「融和型同一化」であると考えています。すなわち、分析家は、自分のエスと患者のエスとを、自分の自我と患者の自我とを、自分の超自我と患者の超自我とを同一化し、それを通して患者を理解する、その患者の理解の仕方に、この用語を当てているのです。

モネー-カイルの言う、セラピストの幼少期の自己とクライエントの幼児的自己の部分的同一化が生じた、「親的欲動」と同義でしょう。

このように、ラッカーもモネー＝カイル同様に、セラピストが立つべき基本スタンスとして、クライエントに対する健全な親心を求めているのです。ラッカーは、それが困難になったときに、セラピストのなかに生じる陰性逆転移を、補足型逆転移として概念化しました。

〈補足型逆転移〉とは、融和型逆転移に失敗しているときに生じる、ネガティブな陰性逆転移のことを指します。これが生じる背景としては、もちろんセラピスト自身の病理であったり、あるいはクライエントから陰性転移を受けた結果であったりするわけです。いずれにしろ、セラピストはそうした逆転移を認識し、融和型逆転移による関係に戻る必要がある、というのです。

ラッカーの挙げている例を紹介しながら説明しましょう。

『自殺する』と言って分析家のことを脅す患者がいたとします。そのような場合、分析家は自分自身が脅迫されているという心境に陥りやすくなります。そうなると、分析家は心穏やかでなくなり、さまざまな不安や疑念に苛まれます。すなわち、共感的な融和型逆転移を保持できなくなるのです。

これがそのまま無自覚に続けば、補足型逆転移が引き続くことになります。すなわち、分析家は、わが身を心配するあまりに、逆に患者を怖れたりすることにもなるのです。

ですが、分析家が「みずからの不安や疑念が、もともとは患者自身の耐え難い苦悩がコミュニケートされてきたものである」と思いを馳せることができたなら、昇華された陽性の逆転移である融和型逆転移に戻ることも可能だ、というのです。すなわち、分析家は患者を恐れていたことに罪悪感や申し訳なさを覚え、投影せざるを得なかった患者のこころの痛みを理解し、共感的心性に立ち戻ることも可能になるのです。

ラッカーは、このことを次のように表現しています。[18]

分析家は、自分自身の不安や怒りを通じて、被分析者のなかでいま何が起こっているのかを把握し、洞察を深める。そのうえでみずからの陰性感情を克服し、セラピーの状況を陽性逆転移状況に変化させ、被分析者のこころのなかで何が起こっているのかを改めて解釈する。

ですから、ここで重要なのはやはり、みずからの陰性逆転移の認識を通して、クライエント自身を理解する、ということなのですね。セラピストを脅かすのは、そもそもクライエント自身が、それほどに抱え難い苦痛な感情に苛まれているからなのかもしれないのです。

このようにモネー-カイルもラッカーも、「正常な逆転移」「昇華された陽性の逆転移」をセラピストが立ち戻るべき原点とみなし、逆転移論に重要な視点を付け加えたのです。

第五章　その後の逆転移論の流れ——認識的活用／表出的使用

クライン派においては、ポーラ・ハイマン以降、《逆転移》論は〈投影同一化〉概念を基軸に発展していきました。分析状況において、クライエントからの投影同一化が無意識的コミュニケーションとして作動すれば、セラピスト側には必然的にそのカウンターパートとしての逆転移が生じる、という逆転移論の展開になっていったのです。

認識的活用としては

すでに述べましたように、投影同一化概念を提唱したのはメラニー・クラインですが、M・クラインには、投影同一化の対としての逆転移という発想はなかったのですね。むしろそうした考え方には、明確に反対しました。クラインにとってはあくまでも、患者の投影同一化は、不快な情動や考えの「排泄」としてのそれであり、そこに無意識的なコミュニケーションが生まれるという発想はなかったのです。

Ｐ・ハイマンにしても、「逆転移はクライエントの無意識を探索する道具である」と言っているにも拘らず、投影同一化概念は使用しませんでした。それがなぜかはよくわかりませんが、内容的には、ほとんど投影同一化の対としての逆転移という理解と同様のことを言っています。

その後のクライン派においては、この投影同一化と逆転移の対がより明瞭に関連づけられました。すなわち、逆転移は「投影同一化の受け手としてのセラピストに生じる情動的反応」と位置づけられたのです。したがって、みずからの逆転移を吟味すれば、クライエントの内界を理解する手掛かりも得られるとしたのです。

この投影同一化の対としての逆転移の臨床的観点が生まれてから、精神分析は、患者の内界だけをもっぱら探索する**一者**心理学から、セラピストの内界をも探索することにより、患者の内界の理解にも通じうる、という**二者**心理学の地平に足を踏み入れたのです。

単なる空想ではなく

さらに、投影同一化には、単に空想に留まらない力があり、それはセラピストに実際上も影響を与えうる、という観点が示されるようになりました。

どういうことかと言いますと、たとえば、クライエントがセラピストに対して陰性感情をもっていれば、それは少なからずセラピストにも非言語的に影響を与え、セラピストもそれ相応に不快に感じたり、苛立ったりなど、内心穏やかではなくなるし、場合によってはセラピスト側も、不快に感じた気持を表情や態度などによって、クライエントに伝え返してしまうこともありうる、ということです。

このことをクライン派のハンナ・シーガルは「患者の投影同一化は単に分析家のことを歪んで見るだけでなく、分析家に投影することで分析家に影響を与える性質をもつ[19]」と言っています。

これは、私たちの日常的な人間関係でも同じことですね。口に出さなくても、苦手だと思っている人には、その苦手感が相手になんとなく伝わってしまい、相手もこちらのことを苦手としたり、逆に好意を抱いている人との関係では、相手もこちらに好意をもち、よい関係が成り立ちやすくなったりします。「目は口ほどにものを言う」ということなのでしょう。

このように、私たちの人間関係は、非言語的な〈投影同一化〉によって形成されている部分も少なくないのです。

こうして今日の逆転移概念においては、クライエントもセラピストも相互に影響を与え合うので、セラピストも逆転移によって、面接内で不用意な発言や行動をしでかしてしまうことも起こりうる、という理解となりました。

では、実際上も影響力をもち、空想の域に留まらない逆転移に関して、どのように対処していったらよいのでしょうか。次に見ていきましょう。

自己をモニタリングして知る

逆転移については、セラピストにとっても空想の域に留まらず、時に面接内行動化をしでかすかもしれないような、扱い難さが認識されるようになりました。

では、こうした逆転移に対してセラピストはどのように処すればよいのでしょうか。ここでクライン派と独立学派のスタンスは大きく分かれます。

クライン派は、逆転移に関しては、あくまでもセラピストが自分のこころのなかをモニタリングして、クライエントからの投影によるものなのか、セラピスト自身の問題からくるものなのかを吟味して、クライエントに対する解釈として活かしていく、というスタンスです。もっとも、クライン派のエリザベス・スピリウス[20]の警告するように、モニタリングばかりしていると、セラピストが自分の気持ばかりにこころを奪われてしまい、クライエントのことはそっちのけになってしまう危険性もあるわけですが、クライン派の逆転移に対するスタンスは、「認識し、解釈する」というところに尽きると思います。

クライン派は、精神分析の原理である「自己を知る」を、逆転移というテーマにおいても、忠実に実践しようとしていると言えるでしょう。

では、対象関係論のもう一方の雄、独立学派はどうなのでしょうか。次に見ていきましょう。

表出的活用としては

クライン派の《逆転移》論を見てきましたが、「二者心理学としての逆転移」「単なる空想ではない投影同一化と逆転移」という、逆転移に関する見解に関しては、基本的には独立学派においても共有されるところだと思います。

逆転移をめぐって、クライン派と独立学派の差が際立つのは、逆転移の使用に関してです。すなわち、逆転移を表出的に使用するかどうかを巡ってです。

クライン派は、逆転移の表出的使用に関しては、基本的に否定的です。その理由としていちばん大きいのは、「分析家の技法の基軸となるのは解釈である」という見解が厳として存在しているところではないでしょうか。ジークムント・フロイト精神分析の忠実な継承者を自認するクラインは、フロイトに倣って分析技法の根幹に解釈を据えています。解釈以外の分析家の技法を「邪道」とみなす憾は否めません。

独立学派の分析家は、そうした教条性に反発するところから、みずからの分析技法を発展させていったところがあります。独立学派の系譜の発端を遡れば、シャーンドル・フェレンツィに辿り着くところでしょう。まずは、ラディカルに逆転移の使用を分析技法に取り入れたフェレンツィから、独立学派の流れを見ていきましょう。

独立学派の源泉

S・フェレンツィは、もっともS・フロイトから寵愛され、将来を嘱望された青年分析家でした。ですが、次第にフロイト精神分析の枠から外れ、独自性を前面に押し出していきました。その結果、フロイトから絶縁され、失意のうちに亡くなったと言われます。[21,22]

フェレンツィの型破りの第一弾は、フロイトの禁欲原則を強力に推し進めたことです。すなわち、クライエントにセックスを禁止し、極端な禁欲状態に置いたのです。それによって、無意識の欲望や葛藤が明るみになるので、分析にかなっていると考えました。それが「積極技法」と呼ばれたものです。

しかし、このやり方がうまくいかないとなると、今度はまったく逆の方法に乗り出しました。すなわち、禁欲原則の正反対になり、あらゆる制限を取り払い、分析家が愛情を提供するやり方を打ち出したのです。それが「弛緩技法」です。どうやらフェレンツィは、フロイトが禁じていたクライエントとの身体接触に乗り出すことにもなり、これがフロイトの怒りを買ったのですね。

さらにラディカルになったのは、次の「相互分析」です。分析家と患者は、それぞれ自分の過去や秘密を明かし、相互に分析するのです。そこには、分析家と被分析者という立場の違いもへったくれもなく、お互いが相手の分析者になるのです。ある意味、究極の分析技法ですね。

その結果、フェレンツィは、自分自身の幼少期の性的トラウマを想起し、それを患者に告白したのです。[23]

　実際のところ、フェレンツィのスペシャルな患者であったエリザベス・サヴァーンとの関係は混迷を極め、ある意味、必然的な帰結だと思いますが、「相互分析」技法は失敗に終わりました。フェレンツィは、禁断の木の実に手を出してしまったわけです。逆転移の開示どころか、分析家の秘密の開示まで決行したわけですから。

　それでもフェレンツィは治療の天才とも称され、フロイトはフェレンツィ初期の時代に、自分の子どもをフェレンツィの分析に委ねようと思ったほどだと言われますので、治療の腕は確かによかったのでしょう。

　いずれにしろ、独立学派の源泉をフェレンツィに求めたとすると、独立学派の特色は、そこによく表れているのではないでしょうか。すなわち、クライン派が**解釈**を基軸に据えた「認識」派だとすると、独立学派は**関係性の手ごたえ**を重視する「体験」派と言ってよいかもしれません。もちろんこの区別は便宜的なもので、どちらに軸足を置くか、と言った程度問題でもあります。ですが、独立学派の特色として「体験」や「関係性」を重視した流れが形成されていったのは、異論のないところでしょう。

　独立学派の分析家クラウバー[24]は、精神分析の伝統のなかで関係性というものが無視されてきた、という言い方をしています。これは独立学派の言い分としては、もっともな主張でしょう。

逆転移の開示に入る前に

この体験派としての独立学派が「逆転移の開示」に積極的なのは、首肯できるところではないでしょうか。分析家が、いわゆる中立性を厳密に守るのではなく、分析家自身のセラピーにおける情動体験も開示しながら、クライエントとの関係性を築き上げていくという手法は、ある意味、とても独立学派らしい特色だと思います。なぜなら、関係性の手応えを重視する以上、そこには分析家側の体験も俎上に乗せ、詳らかにしていく方が、関係性の実感が濃くなるからです。

ところで、先に独立学派の源泉としてのS・フェレンツィをとりあげましたが、もっと常識的な考え方の独立学派の先達もいます。独立学派のイメージが極端にならないために、独立学派の常識人マイケル・バリントに触れておきましょう。

M・バリントに関しては、日本において一九八〇年代頃より〈悪性の退行〉論で、「境界例」理解にずいぶんと貢献し、臨床家の注目を集めましたが、近年においてはその声を聞くことも少なくなりました。しかし、最近バリントに関する好個の入門書[25]も手に入りやすくなりましたので、関心のある向きにはぜひご覧ください。

バリントは、フェレンツィの弟子です。ですが、師匠とは対称的に、とてもバランス感覚の優れた健康な人と言われています。医師らしい現実性に根拠を置いて仕事をしました。

バリントは、後に妻であるソーシャルワーカーのエニッドとともに、医学やソーシャルワークにおける心理学的次元の導入を試みました。バリントの考えは「患者中心の医学」と言われ、患者の無意識の欲求を読み取るために「全身の皮膚の穴を通して聴く」[26]ことが奨励されたのです。さらには、援助関係における援助者側の無意識の動機や力動等の理解を、一般医学やソーシャルワークにおいても重視する立場を採りました。

このようにバリントは、精神分析の知見を日常的な医療や援助に応用しようとしたのです。ですが、その常識人バリントですら、旧来の分析的見解とは異なった、転移に関する新たな観点を早くから述べています。すなわち、「転移はセラピストの個別性の上に生じる」という観点です。[27]これは今日的な転移理解の先駆けと言ってもよいでしょう。

個別性というのは、パーソナリティや雰囲気などの、セラピスト固有の特性のことです。たとえば、明るいパーソナリティのセラピストか暗い雰囲気のセラピストかによって、クライエント側がそこにもち込む転移の質も違ってくる、というのですね。すなわち、クライエントの病理は、相手かまわずセラピストに投げ込まれるわけではなく、セラピストの特性に応じてもち込まれるというのです。これは、関係性や体験を重視する独立学派の特色をよく表している見解ではないでしょうか。

さらにバリントは、その後〈退行〉論を提唱し、セラピーにおける良性の退行と悪性の退行の区別をしました。前者は、セラピストから理解されることによってクライエントの不安が和らぎ、同時に自己理解が進む建設的な退行でありますが、後者はセラピストの理解が空回りに終わり、クライエントはひたすら具体的な愛情や世話の提供などを求めて、どんどんと貪欲になる類の退行です。

バリントが境界例の理解や技法に大きく貢献したのは、後者の「悪性の退行」に関してです。悪性の退行においてセラピストに体験される逆転移とは、クライエントの求めに応じれば、クライエントの貪欲さは加速しかねず、かといって応じなければ、冷酷なセラピストと受け取られ、セラピーはとん挫するかもしれない、というものです。この難局において、バリントが採った解釈が振るっています。患者が不安のあまりにエクストラ面接を求めてきた局面です。[28]

どうも、私がしてあげられるエクストラ面接一回には、いま君が期待している、いや君はたぶん期待でなく必要としているのだろうが、とにかく、そういうものを君にあげる程の力がある気はしないのだよ。さらにね、それを私が承諾すると、君はちっぽけで弱く、君の分析者の私が大きく力のある人間ということになりそうで、それは良いことと思えないね。まあ、そういった理由を全部ひっくるめて結局、君の求めに応じることはやめることにしたよ。

この解釈の意図を、バリントはふたつ挙げています。ひとつ目は、クライエントとセラピストの不平等な関係を強化するのを予防すること。ふたつ目は、両者がそれぞれの限界を認めることによる協力関係の生成です。

特にふたつ目の意義がセラピーのうえでは重要でしょう。クライエントはそれによって、万能感に基づいた対象関係から、現実に根差したそれへと移行することも可能になるのです。

ここでバリントがみずからの逆転移を振り返り、それを解釈にまで繋げた技量は卓越しています。バリントは、患者の求めの大きさに比し、みずからの力量が伴わないことを正直に告白しています。それを意図的に、かなり戦略的に、使用していますね。

こうした局面でとかくありがちなセラピストの態度としては、無理に患者の要求に応えようとしたり、逆に患者の要求を突っぱねたりするものです。いずれの態度の背後にも、セラピストが患者の要求に対する怖れやみずからの力量に対する不安を充分に抱えることができなくなり、行動として移してしまっている可能性があります。バリントは、みずからの逆転移をきちんと振り返ることにより、患者がバリントに投げ込んできている、万能的な期待を読み取り、それをみずからの身に引き付けて、解釈として伝え返しているのです。

バリントのこうした逆転移の活用の技量は、今日の観点から見ても、決して古びた印象は与えないものです。バランス感覚の優れたバリントの、面目躍如の「逆転移の使用」といえるでしょう。

さて、バリント以降、独立学派においては、D・W・ウィニコット、M・I・リトル、N・コルタート、C・ボラスなど、逆転移の使用に関して、どんどんと独自性が強められていきます。その共通項は、「逆転移の開示」です。

ですが、独立学派のなかでも、逆転移の活用の仕方はさまざまですし、クライン派も、開示まではいかずとも、**逆転移をセラピーの道具として活かしている**ことには変わりありません。そのあたりの個別の分析家の特色に関しては、次章で詳しく述べたいと思います。

第Ⅱ部

逆転移を使う実際——各論

さて本章では、逆転移の使用に関する個別の分析家の特色について解説していきましょう。その前に、私自身が《逆転移》の使用に関して個人的な経験をした思い出を述べさせてください。ある意味、「逆転移とはこうやって使われるものか」と、私が初めて身をもって体験したエピソードです。

いまからおよそ三十年以上も前でしょうか。私は精神分析学会の二時間枠ほどの事例検討の発表者として登壇しました。まだ、三十歳前後の若造でしたので、意気込んではいたものの、たいへん緊張していました。なにせ精神分析学会というのは、小難しい理論をこねくり回す、頭の良い人たちが一杯いる場所だと思っていましたので、とても恐ろしく感じていたのですね。助言者は、イギリス帰りのクライン派の衣笠隆幸先生でした。若造にとってはハードルの高すぎる相手です。プレッシャーは相当なものでした。

私は自分の力のなさを防御しようとしてか、別のクライン派の分析家にスーパービジョンを受けていることを、機先を制して発しました。そうしたところ衣笠先生は、にやりと笑い、こう言われたのですね――『そうやって言われますと、私のなかにライバル心が出てきて、今日のコメントは厳しくなるかもしれません』と。会場からは、軽く笑いが起きました。私は、そこでハタと我に返ったのですね。私自身が助言を受ける立場でありながらも、緊張のあまり、被害的になり、衣笠先生に対して挑戦的な態度をとっていたことに。それで私自身の緊張も緩んだのです。

その日の衣笠先生の助言は、とりたてて厳しいこともなく、的を射たものでした。私はそこで、臨床のプロの逆転移の使用の仕方を初めて教えられたと思ったのです。すなわち、《逆転移》の使用とは「セラピストがクライエントとのあいだでの情動体験に、時に巻き込まれながらも、もう一方では、その体験を冷静に見つめる、もう一つの目をもつこと」である、と。衣笠先生は、私の発言によって、みずからのなかに他の分析家に対するライバル心が湧くのを感じながらも、それが挑戦的な私の態度のカウンターパートであることを認識され、余裕をもってて対処されたのでしょうね。いまとなっては、懐かしい思い出です。

第一章　こころを使う　その壱 ―― 日本における多様な〈逆転移〉観

日本の精神分析家の草分けと言えば、土居健郎の名前がまず挙がるところでしょう。土居先生とは面識もありませんでしたが、書物を通して感銘を受けた分析家のひとりです。その感銘のポイントは、土居先生の衒いのない正直さです。次に見ていきましょう。

内省的で率直な胆力 ［土居健郎］

土居は、師匠の古澤平作とのあいだで、精神分析に対する考え方の違いを覚えるようになり、本場の精神分析を学ぼうと、一九五五年よりサンフランシスコ精神分析研究所にて教育分析を受け始めます。ちなみに師匠との違いというのは、土居の目からすると、古澤は「母なるものとの融合感」を重視し、〝甘え〟の実現を目指しているように見えたのですね。古澤平作は「甘えられるようになれば治る」という、いわゆる〈とろかし技法〉だったのです。

それに対して土居は、甘えを認識し、甘えからの自立を目指すのが精神分析だと考えたのです。すなわち、「精神分析療法は基本的分離のいわばおさらいをして分離を完全にすることを目的とします」[1]ということです。いわゆる、自立した「西欧的人間像」の実現ですね。

このように、両者ともに神経症の中核に〝甘え〟を据えたのは共通しているのですが、その目的とするところは、正反対です。一方は甘えを満たすことを目指し、もう一方は甘えを克服することを目指したのですね。ここにセラピー観の大きな違いが生まれました。

想像の域を出ませんが、土居は、古澤平作との〝甘え〟の関係を脱し、身をもって西欧的人間像の実現を目指そうとされたのではないでしょうか。そのためには、本場アメリカ精神分析の拠点に足を踏み入れることが必要だったのでしょう。ですが、その志は、半ばで終わりました。渡米翌年には、分析は行き詰まり、おそらくは失意のなか、土居は帰国の途に就いたのです。

その数年後、土居の精神分析での初めてのモノグラフ『精神療法と精神分析』[2]が刊行されました。ここには、土居のいっさい衒いを交えることのないセラピーの記録が残っています。

肉声としての逆転移

患者は三十一歳の女性です。精神的緊張からくる身体症状と、軽い確認強迫がありました。この女性は、いささか甘えが屈曲しており、面接の初期からセラピーに対する不満を漏らします

──『いったい今日は何を得たのですか。遠いところを一時間半もかけてきて』と。土居はそれに対して、いくぶん微笑みながら『少し損をしてもいいでしょう』と答えているのですね。

この著作のおもしろいところは、土居がみずからのセラピーに対して、後で反省しているところです。それがとても率直で傑作なのですね。ここでは土居は、『『少し損をしてもいいでしょう』と答えることで、患者の隠れた甘えに応じ過ぎで患者を引き留めようする逆転移がはたらいている」と言うのですね。そのように土居は、みずからの《逆転移》を振り返ることにおいて、本音を語っているのです。

セラピーはさらに回数を重ね、とうとう患者の甘えは、要求がましさを増してきます。そこでの土居の心境が語られています──「治療者はこの患者と面と向かって話すことがややわずらわしく感じられたので、ねかして自由連想をやらせれば、もっと扱いやすくなるのではないかと考えた」。何という正直さでしょう！　土居は、患者のことが煩わしいので寝かせて自由連想をさせたくなった、と言っているのです。土居のこの本音は、もとより自由連想をおこなう本来の主旨とはまったく違いますし、けしからんという誹りも免れません。

ですが、私はここに、精神分析の精神分析たるゆえんが顔を覗かせているように思います。フロイトのドラ症例のところでも触れましたが、精神分析的なセラピストは「みずからのこころの微細な動きをも鋭敏に感知し、そのこころの動きに対して正直に自覚していく」必要があるのです。まさにフロイトも、ドラがみずからのもとを去った屈辱や怒りを正直に記載していきます。すなわち、分析家としてあるまじきこころの動きをも自覚し、それを正直に認めていくこところが、精神分析が目指しているところでもあるです。

患者に対しては、心的防衛の裏にある**本当の気持**を自覚し抱えることを求め、セラピストみずからが逆転移に対して正直でないなら、そのセラピーはどこか**まがいもの**でしょう。私たちセラピストは、受け入れがたい情動の自覚を患者に促すばかりでなく、みずから率先して自覚する必要があります。それを土居は見事に示してくれているように思われるのです。

このあとの土居のケース記録も傑作です。土居は、正直にみずからの逆転移を記録のなかで開陳していきます。患者のひねくれた甘えの態度はますますエスカレートし、土居は、「治療を継続する熱意を失ってしまった」「このうえしがみつかれるのでは、とてもかなわない」と、本音**丸出し**です。

患者の病理もあるのでしょうが、土居も、甘えられるのが苦手な人だったのでしょうね。そういう組み合わせの上に「正直なパーソナルな関係性」が築かれ、患者はその関係性の真実味から、人と関わることへの手応えも得られたのでしょう。

ただし、セラピストはありのままの本音を患者に対して開示すればよい、というような単純な話ではありません。土居の逆転移は、あくまでも**内声**であり、それをそのまま患者に伝えているわけではありません。土居の凄いところは、みずからのセラピーを振り返るにつけ、きわめて内省的かつ率直であり、なおかつセラピストとしての非を認めることのできる**胆力**のあるところです。

このあとセラピーは、土居が患者の屈曲した甘えに対して業を煮やし、「治療をしても意味がない」と思い、治療中断の提案をします。患者はいったんそれを受け入れるのですが、後にみずからの非礼を泣いて詫び、一ヵ月後にセラピーは再開となります。そのときに患者は、セラピーの中断を土居が提案したのは、実は土居が自分に対して腹を立てたせいだ、と言って責めたのですね。つまり、土居は腹いせとしてセラピー中断をしたのだ、と。まさにフロイトのドラ症例と同じことです。土居は、このことに対してフロイト以上に正直です。土居は患者の言う「腹いせ」をその場では否定したのですが、その否定は偽りであり、「患者の主張は、実は正しかった」と、後で素直に振り返っているのです。みずからの逆転移に由来するうそ偽りをきちんと認識しているのですね。

このように土居のセラピーの肝は、みずからのこころに正直なことに尽きると言ってもよいでしょう。そこにこそ、こころを使った関わりの真実味が生まれうる可能性があるのです。

翻って考えれば、私たちは時に、なんとみずからのこころを騙しながらセラピーや援助に関わっていることでしょうか。共感のふり、わかったふり、寄り添ったふりなど、数え上げればきりがありません。しかし、自我の弱い人たちにはそうした「ふり」が援助場面で必要なことも、また現実です。ですが、少なくとも私たちは「ふり」をしているみずからの姿に気づいている必要はあるのです。でないと、私たちは、「ふり」が対象者のためではなく、みずからが良い援助者のふりをすることに満足を求めてしまっている、「偽善者であることにも気づかない偽善者」となり果ててしまうことでしょう。

私には、このような本音の力をもつセラピストが優れたセラピストであることは、疑いえないように思われます。なぜなら、この本音の力は、精神分析や患者に対する健全な甘えによって下支えされているからです。すなわち「健全な甘え」とは、正直に本音で関わることのできる〝世界への信頼〟でもあるのです。これは、ことばを換えれば愛着にほかなりません。

土居のこの著作を読むたびに、精神分析的セラピーの「肝」を教えられるような気がするのです。

こころの井戸［成田善弘］

成田善弘先生は、私が大学を卒業し名古屋大学精神医学教室に心理研修生として入局したときには、三十代にしてすでにスターでした。精神医学教室内の精神療法グループにおける症例検討会では、他の追随を許さぬ慧眼に富んだ、時に批判的なコメントを発せられ、その舌鋒の鋭さによって、若手の精神科医や心理士を震え上がらせていました。

成田先生は、私にとっては恐るべき存在でしたので、じかに指導をお願いする勇気はありませんでしたが、先生の著作は結構、読み込んでいると思います。さらに近年では、私の還暦パーティにも出席していただく光栄に浴し、先生からお祝いのことばを戴くことができました。そのことばがとてもこころに残っています。先生は、若い頃からお知りになっている私の「自己愛」性を見抜き、政治家の河野一郎の発言を引用され、私のことをこう形容しました――『祖父江さんは「世のなかは敵か味方か石ころか」と、若い頃からそういう感じでした』。まさに図星です。先生の壇上からのことばは、私のこころにぐいと刺さり、その場ではただ苦笑するほかなかったのですが、同時にそのようなことばを戴けたことはありがたかったです。成田先生が私の還暦パーティの席であるにも関らず（あるいは、そんな席だからこそ）、きちんと私の自己愛性に率直に語り掛けてくれたことが、うれしかったのです。

さて、成田先生は三十代の頃から精神療法（精神科医は心理療法のことを精神療法というのが倣わしなので、ここではそれに従っています）の才は抜きん出ていました。早熟な人にありがちなように、成田先生は処女作にしてすでに精神療法の根幹を直観的に看破されていたように思います。その著作が『精神療法の第一歩』[3]です。いま読んでもまったく古めかしさを感じさせず、丹念に思索された内容がコンパクトに表現されています。このような著作を、通常なら長年の経験や研鑽を積み重ねた挙句、ようやくセラピーの奥深さに近づくことができるはずなのに、三十代の若さで一挙に直観してしまうのは、やはり天才的な才抜きにはなしえぬ所業でしょう。

その後、成田先生を一躍有名にしたのは、『青年期境界例』[4]です。当時「境界例」と称される患者群が精神科外来に登場することが多くなりました。現場の臨床家はほとんど皆、境界例の行動化に手を焼き、その対人操作に振り回されていました。成田先生はきわめて内省的な感性を武器に、《逆転移》の側面から、境界例のセラピーに一石を投じたのです。それが〈こころの井戸〉という視点です。

強迫症の男子高校生が臨床素材です。[5] 尊大さを内に秘めた青年は、治療二年目になると、その本性がいよいよ顔を覗かせ、教育制度や教師を見下したように批判するようになります。彼自身は、小学校でずっと成績が一番だったので「凡庸な周囲の連中に囲まれていたのでは、自分までも凡庸になってしまう」と訴え続けたのです。成田は、こうした面接が何回か続くうちに、ほとほと嫌気がさし、こころのなかで憤りを募らせます。「小学校の一番なぞ日本中に掃いて捨てるほどいる」という思いが頭をかすめるようになったのです。

私たち臨床家が、自己愛パーソナリティに接したときに抱きがちな逆転移と言ってよいでしょう。その尊大さや特別意識にうんざりするわけですね。ですから、その鼻をへし折ってやりたくなり、成田も先の内心の思いが頭をかすめたわけです。

ここまでのことでしたら、成田のその率直な内省力を除いては、セラピーにおける逆転移としては、珍しくない話かもしれません。しかし、ここからの成田の感性の展開の仕方が、人並ではありません。成田は、患者の気難しく尊大な態度、周囲の人間から疎んじられ遠ざけられていた態度の裏に、「孤独感」を感受するのです。その感受の仕方は並外れています。なぜなら、その孤独感は成田自身のなかに見出された孤独感でもあったからです。

「運動が苦手、宇宙への関心、友達づき合いのまずさなど、彼の言っていることは私自身のことでもあった」――こうした生育の痛みがセラピスト自身のこととして語られるのを、私は寡聞にして知りません。その結果、成田の**こころの奥から**患者への架け橋としてのことばが紡ぎだされます――『ひとりぼっちなんだね』と。

こうした感性の使い方は、理論的に言ってしまえば「逆転移による患者理解」なのかもしれません。ですが、事はそんな単純な話ではありません。なぜなら、通常の逆転移による患者理解とは、患者からの投影をセラピストが引き受け、その結果として生じた逆転移から患者を理解するという手順を取ります。ですが、成田の場合には、確かに患者からの投影を受けた結果の孤独感の理解かもしれませんが、単なる患者のことではなくて、みずからの青年期の孤独にまで掘り進んだ結果としての患者理解だったからです。

ここにおいて患者とセラピストは、同型の孤独を背負った者どうしであり、セラピストは患者と同じ、寂寥とした孤独の地平に立っているのです。

身を切る覚悟をもった逆転移

成田の逆転移の使用の仕方は、患者理解であり自己理解でもあります。すなわち**他人事ではない**のです。成田自身がみずからの〈こころの井戸〉を掘り、そこから患者のこころと通底した「痛ましい孤独感」を発見したのです。いわば「身を切る」ことによって到達した**患者理解の極北**です。

このような逆転移の使用は、精神分析のなかでもかなり異質なように思われます。これまで述べてきましたように、逆転移からの患者理解は、あくまでも患者の病理を非言語的にキャッチした結果、セラピストのなかに湧き起こった気持を通して患者を理解する仕方であり、セラピスト側のパーソナリティや病理は、ひとまず括弧に括られているからです。成田ほどの赤裸々な自己のパーソナリティへの直視は、逆転移の利用において、当てにされていません。

成田はその著作の初期から、セラピーにおける個人的な思いや感慨を記すセラピストです。その自己開示は、単に患者から受けた印象や感慨に留まらず、みずからのこととしての内面開示でもあります。すなわち、簡単なこととしては「疲れた」「悄然とした」「寂しかった」から始まり、ついには「青年期の孤独な自己」や「人付き合いの下手な自己」にまで至ります。

成田にとっては、みずからの身を切らぬ患者理解なぞ、まがいものなのでしょう。

先に私は、還暦パーティにおける成田善弘先生の「お祝い」のことばを引用しました。私はいまでは成田先生のことばをこう受け止めています――「祖父江さんは、もっと身を切って患者のことばを理解する必要がある」と。それが私の自己愛性を鋭く突いた祝辞の裏側にあるメッセージとして、いまでも私のこころに刺さっています。

良い加減に生きる［北山　修］

北山修先生は、医学生の頃すでに学生バンド「ザ・フォーク・クルセダーズ」を結成して、『帰って来たヨッパライ』『戦争を知らない子供たち』などのヒット曲で名を馳せ、その後、精神科医、精神分析家として活躍していったスターです。私は、精神分析学会の運営委員として北山先生を間近でお目にしたとき、そのオーラの輝きに、たじろぐほかありませんでした。ですが北山先生は、おそらくウィニコットを彷彿とさせるような社交性とフランクさを併せもち、私のような下っ端にも先生の方から気さくに声をかけてくれることには、真に驚きました。精神分析学会のような、内気な人が多い集まりのなかでは出色の人柄です。

私は若かりし頃、北山先生の処女作である『悲劇の発生論』[6]、『錯覚と脱錯覚』[7]など、北山作品は片っ端から読破して興奮を覚えた記憶があります。そこには単なる分析理論の解説ではない、日本の神話や昔話を絡め手で論じたクリエイティブな論考が展開していたからです。

北山先生の臨床に対する姿勢は、ウィニコットと同様に、芸術、文化、遊びなどの中間領域での創造性がとても重視されます。そこには、北山先生自身も音楽家や思想家として社会や文化に関わり続けたことも、大いに影響していることでしょう。北山先生は、音楽はもとより、映画出演や思想家との対談など、狭く精神医学や精神分析の枠に収まる人ではありません。

近年では、北山先生の中間領域への観点は、「良い加減さ」という方向性にも広がりを見せ、前田重治先生との共作による『良い加減に生きる』[8]では、遊びや、精神分析や、人生などを巡って、「どちらでもないところに立っている」[9]スタンスにて語られています。

では臨床実践のなかでは、北山先生の中間的態度はどのように発揮されているのでしょうか。興味がそそられるところです。次に見ていきましょう。

どちらでもないところに立つ

北山のこころの使い方は、日本の精神分析家のなかではもちろんのこと、世界の分析家のなかでも、きわめて特異的・独創的に思われます。北山が大きな影響を受けているウィニコットとも、その本質においていささか趣を異にしているところがあるようにも思われます。それだけに、じつに魅力的なのです。ここでは、北山の代表的な臨床論文である『覆いをとること・

つくること』[10]から引用しましょう。

まず北山は、分析において定番化してきた起承転結によるセラピーの物語展開に異を唱えます。すなわち、最初に転移が生じ、その後それに応じたセラピストの逆転移が生じ、セラピストがその逆転移を利用して患者に解釈し、洞察を促す、というような起承転結に関してです。それに対して北山は、実際の臨床とは、このようなものではなく、もっと「話にならない」ものであり、「行き当たりばったり」であり、「よくわからない退屈な」ものであると説きます。

ここで注意しなければならないのは、北山は、臨床の筋書きのなさに単に光を当てているのではなく、そこに積極的意義を求めているのです。彼の臨床素材から引用しましょう。

その女性患者は、体感幻覚などの精神病的な要素を抱えている困難例でした。現代絵画の表現者でもあった彼女は、治療室にまで多くの絵を持ち込み、北山に理解や評価を求めました。ですが、それと同時に、普通の女性として結婚し子どもを育てる願いも抱いていたのでした。それに対して北山は、その両立は難しいと考えていました。なぜなら、絵を描くのは彼女の自己愛であり、結婚は部分的にしろ対象愛を含んでいるからです。彼女の絵は、原光景や部分対象が象徴化された絵であり、いまだに自己愛的で精神病的な部分がビビッドに体験されている、と考えられたからでした。

北山は、治療中期でその両立が話題になるたびに、『うーん難しい』と言ったり、困ったような顔をしたりするほかなかったのでした。患者は、両立できることの保証を与えてくれない北山に対して、次第に批判的になり、セラピーに来るのが『本当にくらーい気持になる』と言って、北山をなじりました。

ですが、この「難しい」が、その後、裾野を広げていくのです。すなわち、彼女は結婚と不倫関係の両立を追い求めたり、比喩的にはオペラ座の怪人に惹かれながらも、普通の男と結婚しようとするような葛藤を持ち込んできたりします。北山は、相変わらず『難しい』と唸るほかありませんでしたが、その難しさは、次第に、彼女自身が噛みしめねばならない「両立の難しさ」に帰していくのです。

結局のところ、彼女は数年のあいだに人間関係における理想化と幻滅を経て、少しずつ現実的になり、結婚のために絵をしばらくあきらめざるを得ないことになりました。治療の終盤で彼女は言いました――『やはり両立はしばらく無理だと思う。それにしても先生、腕が落ちましたね、それとも私が変わったのかしら』と。

それに対して北山は『さあ、どちらでしょう』と、相変わらずどっちつかずの返事をし、でも内心「どっちだと答えるのは難しい質問だ、でもなかなかいい質問だ」と思ったのでした。

中庸の愛とは

私たちは、自分の気持や考えに白黒はっきりつけたい性向をもちがちです。特に分析的セラピストは、「覆い」をとり、こころのなかにあるものをはっきりと見定めるところに快感を抱きやすいです。北山のことばを借りれば、《見るなの禁止》を破るところに分析の快感が潜んでいます。事実、フロイトが無意識という領野の《見るなの禁止》を破り、「真実の探求」を快とするところから、精神分析の発展がもたらされました。

北山の臨床姿勢は、ある意味そうした一神教的な、精神分析的真実を追い求める態度とは、対局なのです。ですから、『さあ、どちらでしょう』と患者にも平然と答え、むしろそれを楽しんでさえいます。

逆転移についても、北山は白黒つけません――「私の逆転移の基本は『置いておくこと』」、すなわち「逆転移はここに置いておいたら解されていく、溶けていくことが多いというのが実感である」[11]。

こうした臨床での姿勢は、北山自身の生き方そのものでもあるのです――「この多神教の『どっちでもいい』という考え方の『いい加減』こそが日本人の生き方や考え方の自己紹介に付け加えられるべきでしょう。イエスかノーかはっきりしない曖昧は、日本人の特徴と言われますが、そこには、二枚舌とかダブルスタンダードとか言われて否定されるべきではなく、また未熟とも成熟したとも言い切れない、『鷹揚』という特徴があるのです」[12]。

北山の生きざまも臨床実践も、こうした「鷹揚」を地で行っているのです。


私は先に、北山修先生の臨床実践は、ウィニコットともいささか趣が違うのではないかと述べました。確かにウィニコットも鷹揚な分析家であり、遊びの楽しさを知っている分析家です。ですがウィニコットは、やはり一神教の文化のなかで生きた分析家のように思われます。のちにウィニコットの項で述べますが、ウィニコットは遊びながらも「根源的苦痛」に迫り、そこをワークすることにこそ、分析の本道を見ているように思われるからです。

北山先生の分析は、あくまでも「どっちつかず」からブレません。プロセスの先に帰結を追い求めないことにこそ、最大の特徴があるのです。

北山先生のことばです――「捉えにくい真実は、そして中立とは、『ああだ』と『こうだ』のど真ん中あたりにあることが多いと思うのです」。分析プロセスのなかに中庸の愛を見出している、比類なき分析家なのでしょう。

しかしながら同時に、中庸の愛とは、楽なものでもないでしょう。優雅に湖面をわたる白鳥の姿は、水面下でせわしなく水を掻く脚の動きによって支えられているのです。北山先生の中庸も、それと変わるところがないかもしれません。「どっちつかず」には、相当の胆力が必要になるのです。

ですが北山先生は、せわしなく水を掻くさまを、けっして表に見せることはないでしょう。

厳父と慈父 ［松木邦裕］

松木邦裕先生は、一九八〇年代半ばにイギリスのタヴィストック・クリニックへの留学から帰国後、精力的に臨床や執筆活動に邁進されました。私は幸運なことに、比較的帰国直後の松木先生からスーパービジョンを受けることができました。当時私は、松木先生のスーパービジョンで録音を許可してもらい、終わった後には松木先生のことばをすべて逐語に起こしていました。それほど私は松木先生に惚れ込み、その滋養をすべて吸い尽くそうとする飢えた餓鬼も同然でした。

餓鬼だった私も、おかげで成長することができ、松木先生の懐から巣立って久しい時が流れました。分析の本道を歩む松木先生と日常臨床の道を進む私とでは、いまでは棲む世界もいささか異なってきましたが、それでも私は松木先生から多くの影響を受けています。なかでも、さまざまなパーソナリティ病理の根底に潜む〈抑うつ不安〉に対するアプローチは、その最たるものでしょう。すなわち松木先生のことばを使えば、〈根源的苦痛〉[13]を知りそれがコンテインされるところにこそ、こころの健康は担保される、ということです。

この観点は、フロイト以来、精神分析の変わらぬテーゼでしょう。フロイトが「ヒステリーのみじめさをありふれた不幸に変えてしまうことに私たちが成功するのなら［略］、あなたも精神生活の回復によって、ずっとたくみに防衛をすることができましょう」[14]と唱えた精神分析の根本理念は、その後、表現こそ違えども、分析家のなかで脈々と受け継がれているのです。

松木先生は、クライエントの〈根源的苦痛〉を受け止めるうえで、セラピストの《逆転移》の在り方に問題提起しました。このあたりは、ビオンのコンテイナー論の影響を大きく受けているところかと思われますが、それを松木先生らしいことばで表現されています。それが、セラピストは「抑うつポジションの水準で機能すること」[15]という視点です。

松木先生は抑うつ不安をごまかそうとする偽りの態度に対しては容赦なく対峙しますが、いったんクライエントが抑うつ不安の苦しみに直面するようになれば、とても共感的な態度を示されます。前者を代表するのが自己愛病理を背景にもつ摂食障害へのセラピーであり、後者は抑うつ不安の苦しみに直面するケースに向けられる共感性です。

このように松木先生のセラピストとしての構えには、父性と母性の両面が兼ね備わっていますが、その根底には〈抑うつ不安〉への深い眼差しがあることに変わりはありません。

次に、松木先生のふたつの顔を見ていきましょう。

こころの苦痛から目を離さず

松木は摂食障害の拒食型を次のように理解します。[16]
まず彼女らは、痩せを強烈に理想化し、そこに固執する。痩せた自己を病的に正当化し、その背景には「**他者への優越性**」という〃自己愛〃性がはたらいている。その自己愛性は、悲しみや惨めさなどの抑うつ不安を痩せの快感で紛らわす「倒錯」性、慢性の自発嘔吐や下剤乱用という「嗜癖」性によって、いっそう病的に強化されている、という理解です。
松木は、拒食型に関しては、パーソナリティの自己愛構造をもつ中核的で手ごわい病態と位置づけ、セラピーの目標を、正面突破の正攻法で打ち立てます。すなわち、「自己愛的理想化の放棄」を肝心要の目標とするのです。ことばを換えれば、痩せの「全面放棄」を迫るわけですね。強硬路線であることは疑いえません。
そのために松木は、治療戦略として、閉鎖病棟への入院を使います。目的は、食行動の正常化と身体の普通化を目指すわけです。すなわち、閉鎖病棟のなかで三度の食事と行動制限をおこないます。当然、患者はそれに対して激しい抵抗を示します。痩せを目的としたうそやごまかし、時には壁に頭を打ち付け、激しい自己破壊を企てます。『医者ぶって……いままでで一番いやな医者だ』など罵詈雑言を浴びせられながらも、松木はそれらに動じず、彼女らの痩せという自己愛的で万能的な世界を、太らせることによって崩していくのです。

　このようなハードなセラピーは、医療の世界においても、今日ではほとんど実現不可能でしょう。彼女らが、太り始めた自分を渋々でも受け入れるには、入院期間が一年に及ぶこともあるからです。今日のコンプライアンスを重視し、短期入院を旨とする医療体制では、このようなハードなセラピーがかなわぬことは、実に残念なことです。

　松木は、彼女たちが痩せを実現し、自己愛的で万能的な世界に浸っているうちは、心理療法的な関わりは通用しないと考えているように思われます。実際そのとおりではないでしょうか。彼女たちがガリガリに痩せて、意気揚々と院内を歩き回ったりしている状態は、ある意味カルト宗教と同じで、人のことばも耳に入りません。その病的状態に自己愛的に浸り、いっそう痩せようとすることしか頭にありません。ですから、そこは強行突破で普通の体重に近づけ、自己愛防衛を突破するしかないのです。

　さて、こうして病理的な自己愛が打ち崩されたのちに、ようやく自然な食欲や〈抑うつ不安〉が到来します。太ったことにより、万能的で自己愛的な痩せの理想化は打ち砕かれ、抑うつ不安がもたらされるのです。すなわち、彼女たちは、太った自分をとても「惨め」に感じ、「自分には何も価値がなく、生きるに値しない」と感じるのです。

　ですが、この惨めさや悲しさなどから成る〈抑うつ不安〉こそ、彼女たちがそもそもこころの基底に抱えていた苦しみなのです。彼女たちは、養育過程において「自分は愛されない価値のない人間だ」という自己意識を根づかせていたりします。つまり、親からも愛されない「いらない子」という苦痛な自己像を宿らせてきたのです。その苦痛さのあまり、彼女たちは自己愛的で万能的な防衛に頼り、カルトな「やせ教」[17]に入信したのです。

ここまで松木の摂食障害に対するセラピーを素描してきましたが、松木は〈抑うつ不安〉のごまかしや自己愛性に関しては、非常に厳しい断固とした態度で臨みます。そこには、治療戦略としての域に留まらず、あたかも〝ごまかしを許すまじ〟といったような、松木自身の強い倫理観も介在しているような印象まで受けます。すなわち、松木自身の生き方の潔癖さと松木の逆転移が有機的に連結し、摂食障害のセラピーにおいて、理にかなった治療戦略となりえたのかもしれません。

さて、こうして中核群の摂食障害者に生まれ出た〈抑うつ不安〉は、やせ教からの「脱会」の証でもあります。しかし、脱会した患者は、人生の厳しさや苦悩に晒され、とても無力で寄る辺ないものです。そのときに発揮される松木のコンテイニング力は、厳父の顔から慈父の顔へと変貌します。

松木のもうひとつの顔を、〈抑うつ不安〉をテーマにした論文[18]からとりあげてみましょう。

根源の苦しみを受け止める

松木は、患者が抑うつ不安の苦悩を体験するようになると、その痛みに対して、驚くべき共感性を発揮します。人のこころの悲しみに対して、とても鋭敏な感性を有した分析家なのです。

患者は三十代の独身女性で専門職に就いていましたが、あるとき睡眠薬とアルコールを多量に飲み、マンション宅から飛び降りを決行しました。しかし、患者みずからは自殺を試みたことを認めず、自分はもともと明るい人間で友人も多く、たまたま疲れすぎていただけだと、自殺企図を否定します。そして、入院生活での不満を並べ立て、投げやりに看護スタッフや松木を責め立てます。いわば摂食障害の患者と同様に、みずからの**こころの苦しみ**を否認し〈抑うつ不安〉を体験しないようにしていたのですね。

松木はこの患者の態度や生育歴から、投げやりで攻撃的な態度の裏にある〝孤独〟を読み取ります。そして、その抑うつ水準で関わりをもとうと試みます。ですが、患者は攻撃的姿勢を緩めることなく、こころのなかの孤独や抑うつを母親や医療者のせいにして、排出します。

ここで松木は患者と正面から対峙するのですね——「あなたは自殺を試みたのです。ただそれは、あなたがすっかり死んでしまおうというのではなく、あなたはあなたのなかの苦しい絶望している抑うつ的な自分の部分を消してしまいたかったからです」と。

摂食障害の治療と同様に、松木は抑うつ不安をごまかし向き合おうとしない患者に対しては、**厳父**の顔を見せるのです。これに患者が怒らないはずがありません。患者は、ただちに面接室を出て、自分の部屋にコップと水を取りに行き、松木の顔にぶちまけたのです。

その後も患者は怒り続けるのですが、松木の態度は変わりません。患者のなかの孤独、絶望、惨めさ、抑うつに解釈を通して触れ続けようとするのです。その途上で、松木は患者から平手打ちまで食わされています。そうした行動化を通して、ようやく患者は「虚しさや被害的抑うつ感情よりも、悲哀と罪悪感が彼女の感情としてこころにようやく置かれた」のです。患者は、語ります。

「入院前の状況について、全く行き詰っていたこと、ひどく孤独で陰うつで絶望しており、うつろなこころを何とか埋めようと数年来いくつかの宗教にすがるなど自分なりに必死で助けを求めたが、誰も彼女のこころを本当には支えてくれなかったこと、すなわちみずからの虚しさと絶望を含んだ抑うつ」を語ったのです。

ここでは松木はみずからの逆転移を開陳していませんが、患者がここまで痛々しい〈抑うつ不安〉を語れるに至ったのには、松木の断固とした態度の背後にある〝慈しみ〟のこころを感じ取ったからに違いありません。

松木の臨床は、きわめて西欧的で精神分析的な「倫理」性や「正統」性によって貫かれていますが、じつはそれらを下支えしているのは、これまたきわめて日本的な〝慈しみのこころ〟のようにも思われるのです。

私はここまで、松木邦裕先生の顔として厳父と慈父のふたつの側面をとりあげてきました。ですが、松木先生がどちらの顔を見せるにしろ、そこには〈根源的苦痛〉[19]に対する深い受け止めがあるのです。すなわち、苦しみや悲しみに耐えられず、病理的な防衛機制をはたらかさずにはいられない、人間の業に対する、深い受け止めです。

松木先生がどちらの顔を見せるにしろ、こころの奥には〝哀しみの音色〟が静かに鳴り響いているころに変わりはないのです。

グループへの真なる応用［衣笠隆幸］

衣笠隆幸先生に関しては、本章冒頭でも触れましたが、私が《逆転移》の臨床的活用の一端に直に触れるきっかけになった分析家です。

私はそれをきっかけに、その後も衣笠先生が発表や助言を務められる学会などの演題によく顔を覗かせました。私はその都度かなりの頻度で、度肝を抜かれました。患者の内的世界への直観力がすばらしく、私は未知の視界が鮮やかに切り拓かれる感覚に陥りました。

衣笠先生の直観的読み取りの特質としては、患者とのコミュニケーションに関する洞察力のすばらしさでしょう。分析家によって、直観でもさまざまな方位にはたらくものですが、衣笠先生は、無意識のコミュニケーションを読み取る達人のように私には思われます。

なかでも、分析学会の壇上で発表された、精神病的退行状態の患者とのあいだで、絵を介してコミュニケーションが図られた症例[20]を見聞したときには、興奮を抑えられませんでした。衣笠先生は、一見意味のわからない精神病者の描画のなかに、セラピストへのメッセージを的確に読み取り、解釈として伝え返し、患者はそれに対して描画で応えるという、コミュニケーションが立派に成立していたからです。

このように衣笠先生は、精神分析家としての腕前もとびっきりなのですが、その後、広島市の精神保健福祉センターの所長として赴任されてからは、個人精神分析のみならず、デイケアや福祉領域などへの応用実践にも力を注がれました。

衣笠先生はデイケアにおいて、ビオンを応用したグループ実践をおこなわれ、精神分析を真に日常臨床に活かされたのです。ここでは、衣笠先生の精神分析的グループ療法の実践である〈小ウインドウ方式〉を見ていきましょう。

小ウインドウ方式

衣笠はビオンのグループ実践の考え方を継承し、グループの力動には「民主的なグループ心性」と「防衛的破壊的なグループ心性」の両方がはたらいている、と考えます。ビオンに倣えば、前者が〈ワーク・グループ〉であり、後者が〈基底的想定〉に相当します。

そもそもデイケア・グループの目的は、「民主的なグループ心性」の活動の下、グループ・メンバーが協力、友愛、相互扶助などの健全な心的機能を有効にはたらかせ、作業やレクレーションなどの課題を遂行することです。しかし、そこにグループ特有の精神病的で、「破壊的なグループ心性」が生起しやすいので、衣笠は、精神分析の理解に基づいて、グループ活動を守るための精神分析的なマネージメントを図ろうというのです。

そのための仕掛けが〈小ウインドウ方式〉[21]と名づけられたものです。小ウインドウ方式では、デイケア全体のグループ力動は、デイケア内の一〇人程度の小作業グループの力動と連動しているので、そうした小グループの力動を見ていけば、デイケア全体の無意識も読み取ることが可能となる、と考えます。したがって、デイケア全体の力動が「破壊的心性」に傾かないためには、小グループの力動を素早く読み取り、破壊的心性の生起に対して、速やかにマネージメントすることが大切になるのです。

衣笠は、次のような例を挙げています。

デイケア内の一〇人前後のモダンデザインの活動グループで、メンバー構成は七割が慢性統合失調症の二十代の患者であり、三割はスキゾイドや自己愛型のパーソナリティ障害の患者から構成されています。一回のセッションは二時間です。

さて、モダンデザイン・グループとデイケア全体の出来事の流れは次のようなものです。

［モダンデザイン・グループ内での出来事］

＊作業が始まったときの机の上の乱雑さの指摘

＊デイケアメンバーで食事に行ったときの出来事

・メンバーのひとりが異様な発言をし、ウエイトレスを驚かす

・スタッフは何もしてくれなかったとの発言

＊芸能人の奇妙なファッション、宗教に入信し救われている、精神障害者が強盗の記事などが話題となる

［デイケア全体での出来事］

＊奇妙な服装をする患者集団の出現

＊布教活動をするメンバーの登場
＊大量のメンバーの終了と新しいメンバーの参加、スタッフの入れ替え

ここで衣笠は、モダンデザイン・グループという小ウインドウを通してみれば、デイケア全体の力動も理解できる、と解説します。その理解の仕方は、これぞ精神分析の応用と、はたと膝を打ちたくなるほど、説得力のあるものです。

まず、モダンデザイン・グループで机の上の乱雑さが話題になったこと、さらにメンバーで食事に行ったときに、スタッフが何もしてくれなかったことなどの話題は、メンバーがスタッフからしっかりと世話されていないという不満を表しています。これは、奇妙なファッションをする芸能人と同じように、宗教でしか救われない、スタッフは当てにならないなどの「攻撃性」が潜在的に高まっているということを意味するのです。

このことはデイケア全体の動きと連動しており、デイケアのなかでも奇妙な服装をする患者集団が出現したり、布教活動がおこなわれたり、モダンデザイン・グループで起きている出来事と相似形の現象が生起しています。したがって、モダンデザイン・グループという小ウインドウから見ていれば、デイケア全体の基本的葛藤も理解しうる、というのです。

ここでは簡潔に説明しましたが、小ウインドウを通した衣笠のグループ力動の理解は、もっと精緻であり、見事なものです。ぜひ原典[22]に当たってほしいと思います。

このようなグループ力動の分析的理解は、基本的には、解釈によってではなく、マネージメ

ントによって扱われます。すなわち、スタッフへの失望、それに由来する破壊的心性などは、スタッフがデイケア内の乱雑さを整理整頓したり、障害をもつ苦しみをメンバーと共に共有したりすることによって、マネージされるのです。それによって「破壊的心性」を未然に防止し、デイケアの本来の目的である、仲間意識、連帯意識、課題達成への充実を目指そうとするのです。

このようなデイケアや福祉領域への精神分析的知見の導入は、まさに、日常臨床にかなった精神分析の活かし方といえるのではないでしょうか。

安定感に秀でた逆転移

さて、衣笠はこのように鋭い直観と柔軟性を併せもった分析家ですが、みずからのこころをどのように使っているのでしょうか。実のところ、衣笠は《逆転移》に関してそれほど声高には論じていません。手練れの分析家である衣笠にとって、逆転移は治療ツールとして当たり前の道具になっているようなのです。上記のグループ力動の理解においても、衣笠の逆転移の使用はきわめて自然なかたちで溶け込んでおり、表立ってはいないのです。

確かに衣笠は、クライン派の分析家らしく、破壊性へのセンサーは鋭敏ですが、かといって破壊性に特化しているわけでもありません。破壊性の裏で、メンバーがスタッフの世話を切に求めている対象希求性に対しても、衣笠のセンサーは鋭敏に機能しているように思われます。ですから、衣笠のこころの使い方に関して、バランス感覚に優れ、一方に偏ることもありません。ですから、衣笠の逆転移の使用は目立たないのです。

したがって、衣笠が《逆転移》に関して直接的に言及している箇所は少ないのですが、次のことばは彼の逆転移の実際をよく捉えているのかもしれません——「治療者はその逆転移感情に耐え、その意味を整理して、患者の心の成長を気長に待つことが必要」[23]。逆転移感情に耐え、それを理解して、気長に待つ、それが衣笠のこころの使い方の勘どころなのでしょう。

結局のところ、衣笠先生は熟達の精神分析家というところに尽きるのです。

死んだ世界の演出家 ［藤山直樹］

藤山直樹先生は、他の才人と同様に、その処女作において、一挙に才能を知らしめた分析家です。『精神分析という営み』[24]は、きわめてパーソナルな筆致で書かれているにもかかわらず、なおかつ、公共性を外していないという、パラドキシカルな魅力に満ちています。

それればかりでなく、藤山先生のこころの使い方は、思索の背後に常に留保や余地が担保され、その余剰空間から思索が醸成されるような特色を有しています。その空間から立ち現れる藤山先生の《逆転移》は、まずは映像的な様式をとることが多いように思われます。私たちは、その逆転移の視覚的鮮やかさに、時に意表を突かれます。

藤山先生は、学生時代には演劇、その後は落語を玄人はだしで演ずるなど、文芸に秀でた分析家です。そうした資質が、彼の臨床活動にも滋養を注いでいるのでしょう。それゆえに、彼の精神分析という営みは、パラドキシカルな運動性を有しながらも、なおかつ映像的な広がりをも見せる、特異な輝きを放っているのです。

ここでは症例「舟」[25]から、藤山先生の臨床を見ていきましょう。

映像的に舞い降りるドラマ

自己愛青年との分析です。彼は尊大に職場で振る舞うあまりに、不適応を来し、職場を脱価値化しては、退職することを繰り返しています。藤山は、彼のそのパターンを父親との関係の反復として解釈したりしますが、まったく彼のこころには届きません。

あるセッションで、ふたたび自己愛青年は職場を去ることが決定的になっていました。いつものように青年は同僚や上司の悪口を言い募ります。藤山は何も言う気が起きず、考える気すら失っていました。ですが、ふと気がつくと、藤山はメモ用紙に単純な図形を無心に何度もなぞっていたのです。さらに藤山は、それが船の形に似ていることに気づきます。

ここからの藤山の〝もの想い〟が、この分析全体のターニング・ポイントになります。すなわち、藤山は、彼自身の思春期に毎年課せられていた、苦痛なボート訓練を想起するのです。不器用な藤山は、四人漕ぎのボートで仲間と調子を合わせることができません。その想起は、夏の陽射し、入道雲、ひりひりするような喉の渇き、油のように凪いだ内海の光景を映像的に蘇らせ、藤山は生々しいほどの息苦しさを意識に上らせたのです。

藤山はその回想からふと現実に戻ると、自己愛青年はまだ上司の悪口を言い募っていました。いつもの藤山でしたら、彼のことを人のせいにばかりしていると批判的にみるところですが、この時ばかりは人に合わせることのできない青年の苦悩に対して、いくばくかの想いを馳せることも可能となったのです。

いわゆるこの「共感」のかたちというのは、先に論じた成田の「こころの井戸」の視点と同型です。すなわち、セラピストみずからのパーソナルな体験を掘ることによって、そこから患者のこころと通底した境域に辿り着き、それが図らずも患者に対するセラピスト側からの共感的理解に至る、ということです。

ここで注意すべきは、こうしたパーソナルな共感のかたちが意図して可能となるものとは、藤山は考えていない、ということです。それはまさに、自動書記のように藤山の無意識が描いた「舟」が、患者とのパーソナルな治療空間のなかに舞い降りてきた所産なのです。

藤山はとても〝空間〟を重視する分析家です。「患者のこころの空間」「治療者のこころの空間」「治療空間」「患者の生活の空間」「患者の夢の空間」などというように、藤山は〝空間〟という語を多用します。彼の精神分析は、空間の広がり、ゆとり、間合いのなかに、転移－逆転移の未消化なドラマの原型が舞い降りることを待っているようなところがあります。その待ち方は、舞台の演出家としての藤山が、役者の生身の身体にシナリオが血肉化するのを待っているような待ち方と相似形なのでしょう。したがって、分析空間に舞い降りるドラマも映像的要素の濃いことは、藤山にとっては、ある意味必然なのかもしれません。

では、分析空間において、藤山はどのようなドラマを演出しようとしているのでしょうか。藤山の視界の先には、次のようなドラマの光景が見えているように思われるのです。

死んだ世界をパラドキシカルに生きる

私たちのこころのなかには、「結界」で囲われた世界があります。それは、私たち自身が**生きてこられなかったこころ**の世界です。それは〝死んだ世界〟と言ってもよいでしょう。私たちは、苦痛のあまり、生育歴的なこころの傷つきを凍結させ、それによってこころを守ってきたのです。しかし、その代わりに神経症、精神病、パーソナリティ障害などの、こころの病理を増殖させるに至るのです。

今日の〝死んだ世界〟は、フロイトのヒステリーの時代のそれよりも、さらに深刻です。上記の自己愛青年もそうです。藤山は、彼らは、人と人とのパーソナルな関わりが、「死んで」おり、自己愛的で倒錯的な興奮しか、そこにはないと論じます。したがって、パーソナルな関わりが「死んだ分析空間」において立ち現れるのは、**麻痺**や**不毛**でしかありえません。

結局のところ藤山は、**倒錯**、不毛、麻痺などの〝死んだ世界〟の演出をもくろもうとしているのです。しかもその演出は《逆転移》によって操られます。藤山自身のことばを借りれば、逆転移を利用するのではなく、逆転移に**よって利用される**のです。

このあたりの藤山直樹先生の言説は、きわめてパラドキシカルです。藤山先生は、能動的な営為によって「演出」を営もうとしているのではなく、分析空間という場を確保し、〝死んだ世界〟の不毛さに晒され、圧倒されるなかで、なおかつ本当には死んでしまわないことのなかに可能性を求めているのです。すなわち、分析的な〝もの想い〟を巡らす思考の自由をやっとのことで確保したうえに、「死んだ世界を生きる」という逆説を生きようとしているのです。その果てに、パーソナルな「舟」が舞台に舞い降り、演劇は〝死んだ世界〟そのものではない、「死の物語」を奏でることになるのでしょう。

藤山先生は、分析的な「死と再生」の演出家なのです。

子どものこころへの詩的なアクセス［木部則雄］

個人的な関わりから語るなら、私は木部則雄先生に、一時期、不定期にスーパービジョンを受けていました。ケースの見立てやプロセスが不透明なときなどに、私は木部先生に助言を求めました。もう十五年近くも前でしょうか、そのときの驚きをいまでも鮮明に覚えています。木部先生のコメントは、私がまったく思いもつかない角度から、人のこころの暗闇を赤々と照らし出してくれたのです。

ひとつ簡単な実例をあげましょう。あるとき私は、レズビアンの女性が相手の女性に対して、いまでいうモラハラを受けているという理由で、訴訟に掛けるかどうかという相談を受けました。彼女は、人格攻撃を受け、すっかり自己肯定感を挫かれたというのです。相手の女性は、フエミニストを標榜していましたが、同棲中の彼女に対する態度は、封建的な家父長制の父親の態度そのもので、上げ膳据え膳で彼女にすべて世話させていたのです。

私はフェミニストの偽善への憤りや彼女への同情心から、内心かなり腹を立て、応援したい気持に駆られていました。ですが、なかなか彼女は、フェミニストから離れようとせず、いつまでもグズグズとしていたのです。そのような局面で、おそらく直観的に、木部先生は、彼女がフェミニストのことをいまでも好きであり、男性とのセックスがつまらなく感じている、というような理解を示してくれたのです。

目から鱗が落ちるというのは、まさにこのことでした。当時の私にはまったく考えも及ばない方位から、木部先生は人のこころの闇をあぶり出したのです。その後わかったことに、木部先生の直観は見事に当たっていました。彼女は、フェミニストの横暴さやセックスにこそ刺激を得ていたのです。

ところで、木部先生はクライン派ですが、彼の《逆転移》の使い方は、クライン派の伝統に必ずしも則ってはいるわけではありません。上の素材でもそうですが、「不安や攻撃性の文脈から逆転移をキャッチし、解釈につなげる」というような、クライン派の常套的な手段に頼っているわけでもないのです。

このことは、彼が子どもの分析的臨床家であることが大いに関与しているように思われます。木部先生は、クライン派の子どもの分析家の多くがそうであるように、ウィニコットやその流れを汲むタスティンなどから、大いに影響を受けているように思われます。そのようなバックグラウンドが、もちろん彼の類まれなるセンスも含めて、きわめて柔軟で直観的なこころの使い方を可能にしたのでしょう。そのことについては、後に触れたいと思います。

こころの芯を射抜く直観

ここでは木部の臨床例として、一般診療のなかでの症例をとりあげます。[26] 彼の臨床力は、一般再来のなかでも卓越しています。わずか一五分の診療のなかで、ウィニコットを彷彿とさせるような臨床力を見せつけているのです。

臨床素材は、小学校低学年の女児であり、主な問題は次のようなものです――「集団行動ができない。日常生活のルールが守れない。自宅では常に反抗的で毎日癇癪を起こす。担任からは連日のように、学校での不適応について電話連絡が来る」などです。

図1

診察室においても、患児は木部に対して非常に警戒的で、危険な獣でも見るような目付きをしています。木部は、ウィニコットの診察と同様に、母親と話しているあいだに、患児に好きな木を描くように求めます。患児が渋々ながら描いたのが図1です。木部は、モミの木のような木が二本描かれている絵を見ながら、患児の伝えたいことに思いを馳せます。

『これってクリスマスツリーみたいだね。サンタクロースは来たのかな？』

木部は、モミの木からクリスマスツリーを連想し、さらには、サンタクロースが来たのかどうかを尋ねています。ここには木部の直観がはたらいています。おそらくは、たいていの臨床家なら、クリスマスツリーまでは連想するところでしょう。ですが、そこから一歩踏み込んで「サンタクロースは来たのか」どうかまで連想するかと言えば、そうでもないでしょう。

一見、些細な違いに見えるところですが、私にはこの直観のはたらき方は、臨床家のセンスとして何かが決定的に違うように思われます。なぜなら、この直観は、既成の理論から推論されたものではありません。攻撃性の理論、分離の理論、エディプスの理論など、いずれの手垢も付いていません。単に木部は、「サンタクロースは来たのか?」と尋ねているだけなのです。ですが、この問いに患児はぎくっとします。ここでこのセラピーの勝敗は決したも同然です。患児は、こころの芯を射抜かれたのです。まさにウィニコットが最初の一言で患児のこころを正確に掴むのと同じです。

この後の展開で、患児のこころの芯は明らかになります。患児は家でいつものように癇癪を起し、母親がそれに対して『サンタは来ないよ』と怒ったら、患児は『そんなのいらない』と嘯いていたのです。この家庭状況を確認したうえで、木部は『サンタ来なくて残念で悔しかったね』とことばを掛けます。患児は、俯いて小さく頷きます。

木部がこの短いやりとりのなかでおこなっているのは、いわゆるモーニング・ワークの作業です。木部は、「本当はサンタが来てほしかった」という患児の願いを素早く読み取り、しかも来なかったことに対して『残念で悔しかったね』と、患児の〝喪失〟体験にことばを送り遣っているのです。患児が木部の勧めに従って、次に自由画を描いたのは言うまでもありません。木部が患児のこころを優しく包んだことに対して、患児は、はにかんだような笑顔で応えています。

患児の次の自由画［図2］は、彼女のこころの開示となっています。虹がかかっている外の世界は、雨と雷の悪天候で、虹のシェルターの内側には、傘を差した子どもと魚（ゲーム「ツムツム」のキャラクター）がいます。

木部は『あれあれ、この子はお外が嵐で怖くて外に出ることができないね。学校もお家も嵐みたいなものかもしれないね。だけど、このおさかなと一緒だから一人でも寂しくないということかな』と、患児に語り掛けます。患児は自分のバッグについている、小さなツムツムのぬいぐるみを木部に見せ、木部の解釈を肯定するのです。

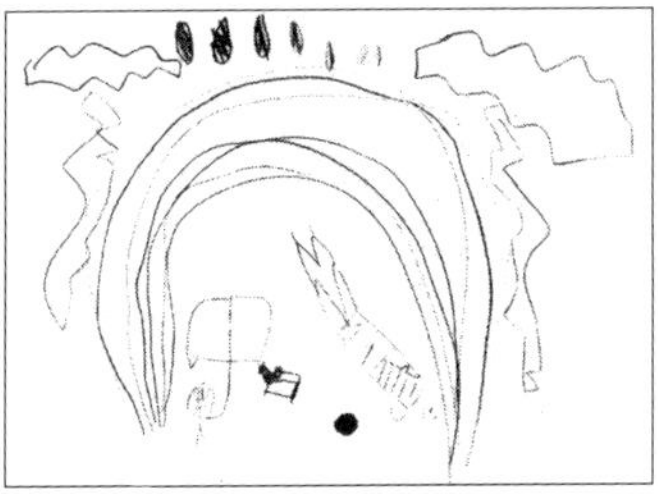

図2

詩的能力としての逆転移

この患児は、精神医学的には、自閉スペクトラム症、あるいは社会コミュニケーション障害とみなされ、実際にも他院では自閉スペクトラム症と診断されています。描画や言語的コミュニケーションによって交流できますが、困難例なことには違いないでしょう。木部は一五分間の一般診療のなかで、毎週から隔週、薬物を併用しながらフォローし、一年半後には患児の思いやりの能力が育つところまで確認しています。

ここでは木部の診療の腕前を称揚することが目的ではありません。ですが、ウィニコットと同様に、木部には、セラピーに対する特別な才のある印象は拭えません。この才をなんと捉えたらよいのでしょうか。

先の臨床素材においても、子どもの描画を見て木部は、一言多くことばを費やしています。それは、『サンタクロースは来たのかな』『このおさかなと一緒だから一人でも寂しくないということかな』の部分が該当します。おそらく凡庸な臨床家なら、その前の部分までで解釈を終えているのでしょう。すなわち『これってクリスマスツリーみたいだね』『学校もお家も嵐みたいなものかもしれないね』までです。

この一言費やすことばの部分に木部の感性のはたらきは、才を見せているのです。すなわち、子どもの〝想い〟や〝願い〟を読み取るこころの使い方です。「サンタクロースが来てほしかった」「嵐が怖くてもお魚が一緒なら寂しくはならない」と言った願いです。

木部のこころの使い方を「無意識の願いの読み取り」のみに限定したら、もちろん偏り過ぎでしょう。ですが、木部の臨床例は、クライン派としては意外なほど、攻撃性というよりは、子どものこころの〝かなわぬ願い〟を拾い上げ、その願いの弔いをしているのです。先の臨床素材でいえば『サンタが来てほしかったけど、来てくれなくて残念だったね』という、子どもの願いへの焦点化とそのモーニング・ワークです。

木部則雄先生は常々[27]、臨床家のこころのはたらき方として、メルツァーのいう〈詩的能力〉[28]

の必要性を強調しています。詩的能力とは、投影機制も使用できないほど重度の子どもとのセラピーにおいて、セラピストに必要となる、いわば直観的な《逆転移》の使い方です。

メルツァーが、ビオンの強調する「直観」に飽き足らず「詩」を逆転移のなかに持ち込んだ意図は不明ですが、木部先生のこころの使い方のなかには、まさに〝かなわぬ願い〟を読み取る詩人のこころがはたらいているように思われます。

木部先生こそが、卓越した〈詩的能力〉の使い手であり、彼の臨床素材を見るたびに、それが激しく私のこころを揺さぶるのです。

ポストモダンの濃密さと戯れ ［細澤 仁］

細澤仁先生は京都大学の哲学科出身だけあって、哲学・芸術に造詣が深く、思想的にはロラン・バルト由来のポストモダンの哲学思想の影響を受けているように思われます。すなわち、従来の精神分析が得意とする、こころの現象の背後の「物語を読み解く」のではなくて、こころの現象そのものに直観的・体感的に出会おうとする姿勢を保持しています。すなわち、病理そのものとの出会いの衝撃を重視し、そこでの交流を求めます。その姿勢が、セラピストとクライエントとの関係性を時に先鋭化させるのは、ある意味、必然でしょう。したがって彼の分析的セラピーは、時として「生々しい出会いの場」と化します。

生々しく濃密な交流

細澤は、解離性障害や心的外傷などの現代的な病理から、その臨床的関心を出発させた精神科医です。解離や心的外傷が、その背景の病根として虐待やトラウマの傷を深く負っていることは、周知のところです。そうした生々しいこころの傷を背負った病理に細澤の関心が向くところに、すでに彼の分析的セラピストとしての特質を伺うことができるでしょう。

ここでは、細澤の臨床ヒロインとして主著二冊[29,30]を通して詳しい治療歴が載っている、症例Gを俎上に載せましょう。ただし、細澤の臨床をよく表すポイントに絞ってとりあげたいと思います。

症例Gは、サド・マゾヒスティックな対象関係を、特に男性との性的行動化として繰り返している二十代女性です。彼女には、父親からの性的虐待の既往があり、いわばその対象関係の原型を後の男性との関係で反復させています。Gは抑うつを主訴に精神科クリニックを受診したものの、大量服薬により意識不明となり、解離性障害の診断のもと、その道の専門家である細澤に紹介されてきたのです。

治療経過は、まさに波乱に富んだ計十年に及んでいますが、細澤の関わりや解釈は、その最初から最後まで一貫した分析的態度に貫かれているように思われます。それは、ヒア&ナウの転移解釈が変わらず中心を占めている、ということです。細澤の歩んできた分析の研修歴がそれを可能にしたのは疑いえないところですが、それにしても、ブレるところがないのです。

たとえば、Gがセラピーのなかで失声に陥ったことに対して、細澤は『あなたが声を失ったのは治療に対する抵抗と思います』と解釈し、GがSMプレイに興じている話をすれば、『ここでの治療も一回四五分で切れてSMと同じですね』と介入されます。さらには、Gの性的虐待が男性とのSMプレイとしてさまざまに反復され、自傷行為が激しさを増したときには、「Gは一方で破壊性を治療の外で排出することにより治療を守りたいと思っており、一方で私が自分をどれほど抱えてくれるのか知りたく思っているのだろう」と、細澤との関係性に引き付け解釈されるのです。すなわち、面接場面で語られることや行動化は、ことごとくと言ってよいほど、セラピストとの関係性のなかに回収されるのです。

こうした介入は、今日の転移解釈を中心とする分析技法の王道を行くものでしょう。すなわち、細澤は、精神分析のきわめて忠実な使徒だと言えるのです。

さらに、患者の病理を転移解釈へと回収させていく技法は、通常セラピストとの関係性を生々しいものにします。実際、Gと細澤との関係も、ご多分に漏れず濃密で生々しい関係性が現出します。たとえばGは、細澤の前で腕を切ったり血を流したり、まさに血なまぐさい関係です。ですが、細澤のセラピーは、不思議なことに生々しさとは逆の印象も残しているのです。

戯れられる濃密さ

その印象はどこから来るのでしょうか？　もちろん、彼のプロとしての客観性や現実性が、その要因のひとつであることは疑いないところでしょう。ですが、そればかりではない細澤の特質があるようにも思われるのです。

その特質が、最もわかりやすく表れているのは、ときどき訪れる治療中断に対する彼の態度です。たとえば、治療開始四年三ヵ月でGの倒錯的なサド・マゾヒズムへの嗜癖が分析で扱われ、それがGにとっては耐え難くなったときには、細澤は「彼女には治療からひきこもり、しばらく冬眠する必要があったのだろう」と、Gの三ヵ月間にわたるキャンセルの申し出を意外にあっさりと受け入れます。ここで細澤は深追いをしていないのです。濃密な治療関係を求めるセラピストなら、Gの「退避」を許さず、もっと周到に転移解釈したとしても不思議ではありません。

さらに、治療終結に関しても細澤は意外に淡白です。心理療法開始後八年四ヵ月目にそれは突然、訪れます。しかも、細澤の決断によって。倒錯的な対象関係を細澤とのあいだでも反復し、その分析的ワークは九ヵ月の入院によって徹底されます。その後、外来治療に移行しますが、Gはキャンセルを頻発します。こうした正当な理由もないキャンセルは、Gとのセラピーでは、初めて訪れた事態だったのです。

この事態に関して、細澤はさまざまに思いを巡らせますが、遂に彼はGが「セッションをキャンセルすることで心理療法が終わらないようにしている」という逆説的な理解に辿り着きます。そして、延々と続いてきたGとのセラピーに、細澤自身も終わりがないという空想を抱いていたことに気づくのです。ここで細澤は、決断します。Gに対して「十年の期日をもって心理療法を終結する」と宣言したのです。

ですが、同時に彼は、この事態が心理療法の行き詰まりであることを自覚しています。すなわち、Gがセラピストとの一体感を保持するために、キャンセルによって治療関係を遷延させているると自覚しているのです。それに対して細澤は「みずからの逆転移による行動化かもしれないが」と断りを入れながらも、この遷延した状況から分離や脱錯覚に導くには、期限設定の治療終結のほかないと決断したのです。

この決断に関しては、もとより賛否両論あるところでしょう。ですが、私が指摘したいのは、この決断には、先ほどの「深追いをしない態度」と同種の、濃密さや生々しさとは逆のベクトルがはたらいている、ということです。

Gは、終結が近づくにつれ、「手首を切り離す」などの血なまぐさい夢を見、細澤はそれに対して、心理療法の終結が身を切られるほどの辛い体験であることを正当に解釈します。Gはそれを認め、「体が半分切り取られるような感じです」と、その痛ましさを訴えますが、終結は予定どおりおこなわれ、最後にふたりは握手をして別れていきます。

これが細澤のこころの使い方なのでしょう。濃密だけれども、密着しない。生々しいけれども、淡白。パーソナルだけれども、醒めている、とでも言ったらよいのでしょうか。これが細澤とGとのあいだに独特の距離感を作り出し、濃密さのなかに束縛されない開放性が基軸となって展開しているように思われます。ですから、Gは細澤の治療舞台の上で初めて、束縛されないSMプレイを逆説的に体験したのかもしれません。

私は、細澤のこの独特のスタンスに、ポストモダンなこころの使い方を見ずにはおられません。細澤の濃密な関わりには、流動性や運動性などの動きが常に伴っており、スタティックな関係性は好まれていないように思われます。ですから、瞬間瞬間の出会いのインパクトや強度に魅力を見出し、そこから生まれる新しさを重視するセラピストです。したがって、Gとの終結に見られるように、関係性が引き延ばされ、終結が遷延されたようなセラピーには魅力を感じないのでしょう。そこには停滞した関係と行き詰まりがあるだけだからです。

内部に幽閉されたようなパーソナル性は「脱構築」され、細澤のパーソナル性は、外部としての他者とのあいだで戯れられるもののように思われます。細澤自身のことばを引用しましょう。[31]この一節の「映画」を「精神分析」に、「映像」を「転移」に置き換えれば、細澤の志す精神分析的心理療法の実質が浮き上がってくることでしょう。

> 私たちは客観的な存在としての映画作品について語ることもできるのですが、それは制度（あるいはコード）に従順に従うことによってのみ可能なのであり、そこに真実があるわけではなく、生々しさが排除されているがゆえに安全無害な物語の再生産があるだけです。映画における映像は物語やテーマに従属するものではなく、映像こそが映画体験の本質であるとするならば、その映像体験はきわめてパーソナルなものとなるはずです。ある映像を、物語やテーマの観点からではなく、それじたいとして体験するならば、その体験はパーソナルなものとならざるを得ないでしょう。

細澤仁先生のセラピーには、「濃密さ」や「戯れ」の向こう側に、一期一会の〝切なさ〟が佇んでいるのです。

若手のライジング・スター

ここでは、私よりかなりの年若で知己のお二人に「君」づけで呼ばせてください。「さん」や、ましてや「先生」は、面映ゆいばかりでなく、関係性の現実を損なってしまいかねないからです。

硬質さと憎めなさ ［上田勝久］

上田勝久君は、細澤仁先生や藤山直樹先生を師と仰ぎ、その影響を露わに受けてきた臨床家です。ですので、系譜から言えば、独立学派の流れを汲んでいます。

ところで、独立学派の特徴とは何でしょうか。そのひとつとして、その名のとおり、独立精神が旺盛なことが挙げられるかもしれません。独立精神といっても、自主独立というような生き方のことを指すのではなく、臨床におけるセラピストの感性や考えを重んじるといった、既成の理論に縛られない態度を指します。

上田君もご多分に漏れず、早くから**みずからの感性**を武器にし、面白い発想を学会や事例検討の場などで展開してきました。その彼が、ついにモノグラフをものし[32]、世に問うたのです。ここでは、彼の感性や思索のかたちを興味深く見ていきましょう。

原理的な思索と人間味のギャップ　上田の精神分析に対する思索のかたちは、きわめて原理的な問いと答えの往還構造を成し、ことの本質に接近しようとするものです。その本質として上田が措定しているのが、精神分析を「心的交流」の観点から把捉しようとする試みです。

精神分析や心理療法全般が「心的交流」を軸としているという観点は、異論のないところでしょう。ですが、上田の心的交流の観点には、丹精込めて造られた日本酒の味わいのように、独特の風味があります。それは次のような一節にも明らかなところでしょう。

心理療法という営みは患者と治療者のふたりによって紡ぎ出されていく。同時に、その営みじたいがいつしか患者と治療者を超える形で固有の生命感をもち、患者と治療者のふたりをそれぞれに新たな存在へと変形させていく。

ここには、心的交流の共時性が訴えられています。すなわち、セラピストと患者の関係は、どちらかがどちらかを理解したり受け止めたりするのでもなく、そこには共時的に紡ぎ出される関係性の展開と創造があり、それはセラピストがコントロールできる類のものでもない、ということです。

この思索のかたちは、上田自身もたびたび引用しているように、オグデンの〈分析の第三主体〉と同型であり、取り立てて目新しいものではありません。ですが彼の特色は、その思索のコネコネとした手触り感からくる〝人間味〟でしょう。ですから、思索のかたちはきわめて原理的でありながら、思索する姿（あるいは臨床の姿）からは、きわめて人間味に富んだセラピスト像が浮き上がり、それが上田の魅力を際立たせているのです。

〝素〟の業師　上田の臨床素材は、シンプルに面白いです。素材じたいの面白さもありますが、上田が患者との関わりのなかで、いつもどこかで一撃を食らい、その一撃から「脳震盪」を起こしながらも思考を回復し、心的交流を図ろうとする、上田の臨床態度に魅力があるのです。それは、とかくありがちな、精神分析的セラピストの権威的なイメージとはおよそ似つかわしくない、素直さ、衒いのなさ、気取りのなさなどです。患者とのセラピーにおいて、上田は**素のまんま**の感性をはたらかせます。ですから彼は、患者とのターニング・ポイントで、絶句したり、ことばを失ったり、呆然としたりします。その素のまんまの感性が、憎めないのです。

上田の臨床素材を見ていきましょう。自閉スペクトラム症の成人男性とのセラピーです。患者は、重篤な抑うつ症状と公共の乗り物内での脱力発作を主症状として、上田との心理療法に取り組みます。

患者は、高機能のＡＳＤの人によくあるように、夢や連想は豊かです。ですが、乗り物内での脱力発作はいっこうに収まる様子がありません。面接は、連想と解釈という一連のやりとりのなかで、進展しているようにも思われましたが、何かがまったく変わらないという印象も残していました。

そんなかで患者は、セラピストの声が面接の最初の方で特に冷たく聞こえる、というのです。上田は意表を突かれます。これまで自分の声の響きといったものに、特に注目したことはなかったからです。上田はその発言を受けて、患者が連想し、彼が解釈するという営みが、冷たい硬質な自販機のようだと気づくに至ります。

さらにその後、患者は、上田はエレベーターに乗ったときに怖くならないか、と問うてきます。なぜなら、患者は、「上に参ります」という機械音が突然違うことばを発し出したら、気が狂いそうになるからだというのです。上田はここで完全に一撃を食らうのですね。患者の恐怖の本質が、突如姿を現した感を受けるのです。

結局のところ患者は、世界を自閉的な機械仕掛けだとみなして安心していたのですが、上田との面接によって、人間的な情緒がもたらされるようになり、逆に、人間的な世界が機械の向こう側から現れ出るのではないかという、自閉圏特有の恐怖を体験し出したことが判明していきます。

こうした理解に至るまでの、上田の「脳震盪」が、とても素のまんまで面白いのです。ですが、この素のまんまが侮れないのですね。まるで技を掛けられ、痛い目に合いながらも、次第に勝負どころを見出していく業師のようです。推理小説や将棋などの駆け引きや技の応酬が好きなようですが[33,34]、上田の〝素〟は、実は懐が深いのでしょう。

彼の硬質でコネコネとした理屈と、懐の深い〝素〟の臨床がとても対比的で、上田の臨床家としての魅力を際立たせているのです。

ただ、いる、だけのこじれのなさ　［東畑開人］

東畑開人君とは、縁あって一時期指導する立場にいましたが、その頃、彼は京都大学の博士課程修了後、沖縄の民間精神科クリニックに勤務していました。

当時の彼の印象は、精神科医療のなかで地道に心理療法に取り組み、真摯に悩み、苦しんでいる、まじめな青年というものでした。すなわち、若手心理士の多くが直面する臨床の現場の壁にぶつかり、時に挫けそうになりながらも、粘り強くもちこたえようとする姿が、そこにはありました。

その彼が、悩み苦しんだ臨床の現場での体験を人情味やユーモアに富んだ一冊の本に仕立て上げました。彼は、真摯でまじめな青年の本質を失わずに、俯瞰的なユーモアで自己や対象を客観視するという離れ業をやってのけ、とても魅力的な本を仕上げたのです。

〝素〟の感性　精神科デイケアでの日常を活写した『居るのはつらいよ』[35]は、臨床家に留まらず、一般読者にも爆発的な支持を受けました。その最たる要因のひとつは、いわゆるセラピストと呼ばれる専門家の内面が、デイケアを舞台にして、まったく衒いもなく、時に自虐も交えながら、素直に描写されている点にあるでしょう。東畑は、みずからを「京大出のハカセ」と呼称し、そのハカセの学識が現場ではまったく役に立たないことをユーモラスに描いていきます。

こうした〝素直さ〟や〝衒いのなさ〟は、先ほどとりあげた上田にもまったく共通していきます。**素のまんまじたい**を賞味し堪能できる才能を、ふたりはもち併せているのです。そこに自意識の高まりやプライドの傷つきがあったにしろ、それじたいを衒いなく味わえる才が備わっているのでしょう。

素のスタンス　『居るのはつらいよ』を通読すると、不思議な読後感が残ります。タイトルに反して「つらくない」のです。むしろ、ほのぼの感さえあります。もちろんそこには若手心理士の精神科クリニックやデイケアでのアイデンティティを巡っての葛藤や苦吟があります。ですが、その苦しみの在り方に、重苦しさはありません。もちろんユーモアで包まれた、著者の巧みな文章力がそれを助けているのは間違いありませんが、その理由だけではないでしょう。そこには、東畑のこころの使い方の特異性があるように思われます。

精神科クリニックでの東畑の姿は、もちろんそれがフィクションとして描かれているにしろ、看護師の男性たちや事務の女性たちに囲まれ、実に適応がよいです。「愛されキャラ」といっても過言ではないでしょう。仕事が終われば、決まったように看護師たちに一杯付き合わされ、杯を酌み交わすのです。たいていは人付き合いの苦手な心理士が多いなか、ここまで職場に溶け込み、他職種と交流する若手心理の姿は、なかなかお目にかかれるものではありません。ここ ろ優しき若手心理士の姿が、そこには目撃されます。

ですが、もちろん東畑は単に適応のよいだけの心理士ではありません。デイケアでのメンバーからのさまざまな投影や変化のない空気の淀みによって、「最後の一滴がコップから溢れるように」、名物職員たちも、つぎつぎに職場を後にします。ご多分に漏れず、東畑も血を吐くまでに疲れ果て、職場を去ることになります。

ですが東畑は決して、それらの内面の苦悩を重苦しく語るようなことはなく、ましてや恨みがましさをデイケアやクリニックに向けたり、誰かのせいにしたりして、攻撃性を発露させるようなことはありません。そこには、そうした現実をただ甘受し、〝ただ、そこに、いる〟だけの東畑がいるのです。このようなこじれのないスタンスは、なかなか容易なものではありません。ただ、そこに、感じているだけ、ただ、そこに、考えているだけの感性がそこに居るのです。

東畑のことばを引用しましょう。

「ただ、いる、だけ」。その価値を僕はうまく説明することができない［中略］**だけど、僕はその価値を知っている。**［中略］**「ただ、いる、だけ」は、風景として描かれ、味わわれるべきものなのだ。それは市場の内側でしか生き延びられないけど、でも本質的には外側にあるものだ。**

東畑は、市場の内側で葛藤し苦吟しているのですが、本質的には外側に視点を置いている――これが東畑のこじれのなさ、重苦しさのなさ、ユーモアの本質なのでしょう。ですから、患者と共に「内側」にいるのですが、視点は「外側」に担保されているのです。

こうしたこころの使い方は、上田君と東畑君というふたりのライジング・スターに共通しているように思われます。彼らの関わりや解釈は、決して意図した変化をもたらそうとするものではありません。〝ただ、そこに、感じている〟ことを患者との間合いのなかに置いているような仕草なのです。ですから、そこに押しつけがましさや侵入性やさらには意図すらも極力退けられているように思われます。

〝ただ、いる、だけ〟は、余人にはなかなか真似のできるものではありません。上田君にも東畑君にも、みずからの感性を素直で衒いなく使用できる類まれなる資質があるのでしょう。その資質こそが、彼らのセラピューティックでありながらも、最大限のサポートを可能にしているように思われるのです。

とはいえ、いかに彼らが〝素のまんま〟の感性の遣い手だとしても、その背後には「弔われることのなかったこじらせ」が眠っていないとも限りません。彼らがその〝亡霊〟に出会うとき、彼らの臨床は、また違った彩りを見せてくることでしょう。

いずれにしろ、上田君と東畑君というふたりのライジング・スターの今後の行く末に楽しみなことに変わりはありません。

第二章　こころを使う その弐 ――― 諸外国のクラシカルな〈逆転移〉観をたどって

本章では、今では「古典」に属すると言ってもよい、諸外国の精神分析家の〝こころの使い方〟を見ていきたいと思います。

まずは《逆転移》の使用として、比較的わかりやすさと鋭さを併せもつ、南米の分析家レオン・グリンバーグからとりあげましょう。

投影逆同一化［L・グリンバーグ］

L・グリンバーグは、南米の分析家です。すでに亡くなってしまいましたが、いまから二十年ほど前に日本精神分析学会に招待講演として訪日したことがありました。そのときの講演での質疑応答が実に印象深かったのです。

グリンバーグの講演内容に対して、日本の分析家がフロアからとても挑戦的な発言をしたのですね。内容はもう忘れてしまいましたが、チャレンジングというか、攻撃的な態度でした。それに対するグリンバーグの返答が振るっていました。フロアの分析家がひとしきりまくしたてるのを聞き留めて、ゆっくりと第一声を発したのです——『満足しましたか？』。柔和な表情でした。フロアからは軽いざわめきが起き、明らかに勝敗はグリンバーグに挙がったのですね。

当時若かった私は、グリンバーグの芸当にいささか興奮しました。グリンバーグは、フロアの挑戦者の発言内容ではなくて、彼の発言意図の方を読み取ったのです。つまり、質問の内容は何にせよ、質問の意図は明らかに自分に対する挑戦にある、と。それをやんわりと〈転移解釈〉したのだと思います。なかなかに印象深い分析学会でのひとコマでした。

このように、グリンバーグは、その場の雰囲気や関係性を直観的に把握する能力に長け、逆転移の手練れの使い手だと思われます。このことは、彼の記念碑的な論文「患者の投影同一化による逆転移のある特異面」[1]にいかんなく発揮されています。

死体を分析している

グリンバーグは〈投影逆同一化〉という考え方を打ち出しました。すなわち、クライエントからの激しい転移をまともに受けたら、セラピストとて平静なこころの状態を保つことはできません。クライエントの転移の激しさにより、被害的になったり、攻撃的になったりなど、〈妄想分裂ポジション〉の心性に陥ってしまうというのです。いわゆるクライエントの転移に巻き込まれ、セラピスト自身がクライエントの「悪い対象」像に化してしまう、ということですね。

この考え方は、もちろんハイマン以降の《逆転移》の考え方の影響下にありますが、グリンバーグは、さらに一歩進め、激しい転移が生じた場合に、セラピストがそれに巻き込まれてしまうのは、ある意味不可避だと言っているのです。すなわち、巻き込まれることは避けられないことでもあるし、それが必要なことでもあると言っているのです。ですが、セラピストは、そうしたみずからのこころの状態を自覚することにより、クライエントからの非言語的メッセージに気づくこともできる、というわけです。

グリンバーグはそれを例証するために、感動的な臨床素材を提示しています。そこには繊細かつダイナミックに動く、グリンバーグの逆転移が記載されています。以下にお示ししましょう。

既婚の女性患者です。その女性はあるセッションで一五分遅刻し、カウチに横になったままで、数分間じっと沈黙したままでした。グリンバーグは、彼女が夫との新婚初夜にとても怖い思いをしたので、その不安を隠すために、ここでも身じろぎせずにいるのだろう、と解釈しました。その怖い思いというのは、新婚初夜にセックスしたときに、彼女は夫から『彫刻みたい』［筆者注――不感症だという意味］と言われたのですね。その夫のことばが、彼女のこころにとても突き刺さっていたのです。

グリンバーグはこの解釈が正しいとは思ったのですが、〝なにかが違う〟という気がしました。つまり、この解釈は彼女の意識にあまりに近いと感じたというのです。このあたりの〝なにかが違う〟という「間主観」的な感性は、臨床においてはとても大事なところです。逆転移の治療的利用を説いたハイマンにしてからがそうですが、人と人との間合いと言いますか、そこに漂う空気感と言いますか、そうした非言語的な交流を感じ取る感性は、臨床家においてはとても大事なものでしょう。

さて、グリンバーグは次第に「死体を分析している」ような気持に陥ります。つまり、患者が死体に思えてきたのです。それほど患者は、何も反応せず、身じろぎもしなかったのでしょうね。そうしたなかで、グリンバーグはスペインの古い言い伝えを想い出します。「彼女は私に死を押し付けようとしている」というような内容だったようです。

この逆転移空想によって、グリンバーグはようやく気づいたのですね、自分が〈妄想分裂ポジション〉に陥っていることを。つまり、彼は「死を押し付けられている」というような、被害的な心性に陥っていたわけです。それによってグリンバーグは、患者の恐怖が自分に投影されていることにも気づきます。そこで逆転移の理解に基づいた解釈が生まれました。彼は次のように伝えます――『あなたの身じろぎしない態度は、彫刻以外に、死に関連した感覚を表現しようとしていますね』と。

そうしたところ、患者はショックを受けて泣き始め、幼少期の封印された記憶を思い出しました。すなわち、六歳のときに母親が癌にかかり自殺したことを想起します。母親は目の前で首を吊ったので、彼女は、母親の死に対してひどく責任を感じていたのです。しかも、彼女は、目の前で母親が自殺の準備を進めるのに動揺してしまい、家族に知らせるのが遅れたのでした。ここに至って、彼女はみずからのこころのなかの恐怖や罪悪感にアクセスすることが可能になりました。それによって、これまで機能不全に陥っていたこころとの繋がりを回復し、悲しみや苦悩を体験できるようになったのです。

　ここで「患者をつらい気持にさせてどうするんだ」と考える方もおられるでしょう。心理療法は、癒しや安らぎをもたらすものだと考える立場の方は、とりわけそうかもしれません。もちろん、そのようなサポーティブなセラピーは否定されるものではありませんし、福祉領域の利用者のなかには、援助者に支えられ、サポートを受けながらしか生きられない方もたくさんおられます。そうした場合には、癒しや安らぎが援助の基本となることでしょう。

　しかし、精神分析的な心理療法の目的とするところは、「自分の足で立って歩くこと」であり、「主体性の強化」です。人生の苦悩をこころで体験することを避けてばかりでは、主体性の強化はもたらされません。松木がとみに強調するところですが、〈根源的苦痛〉[2]に連結することにより、それがこころのなかで抱えられれば、生きる上での真の自信となるのです。

　グリンバーグの患者も、とても苦しい記憶とこころが繋がり、そのつらい記憶を想起できたのです。その分、同時に**苦痛にもちこたえる力**がついているのです。それは「死体」から「実存する人間」への回帰です。ただし、苦悩にもちこたえられなければ、ブレーク・ダウンを起こす可能性もあり、日常臨床においては、そのあたりの匙加減が難しいところでもあります。

　いずれにしろ、「死体を分析している」というような逆転移のキャッチの仕方は、大胆かつ繊細であり、見事な〝こころの使い方〟と言えるでしょう。

迫害不安、言い知れぬ恐怖、不在の乳房［W・R・ビオン］

ウィルフレッド・ビオンは、とても幅広い臨床経験をもち、絶えず自分の臨床理論を刷新させていった、稀有な分析家です。詳しくは拙著[3]に譲りますが、ここではビオンの提唱した「コンテイナー理論」に連なる一連の臨床素材をとりあげていきましょう。

統合失調症と逆転移

ビオンは、言語的コミュニケーションが破綻した統合失調症との精神分析においては「解釈の基盤となる唯一の証拠は、逆転移によって提供される」[4]と述べています。臨床素材として挙げられている患者は、慢性の統合失調症者です。当然、言語的コミュニケーションは困難で、沈黙がずっと続きます。陳旧化した患者を精神分析しようとする意欲や野心には見上げたものがありますが、当時、クラインの弟子たちは、ビオンのみならずローゼンフェルトやシーガルなど、こぞって精神病の精神分析に乗り出していました。

あるセッションで、患者は沈黙をずっと保ち、姿勢もまったく変わりませんでした。その緊張感のただなかで、ビオンは次第に恐怖を覚えます。沈黙が続くうちに、その恐怖はどんどんと高まっていきます。遂にビオンは、解釈によってこの局面を打開しようとします――『あなたは私を殺そうという恐怖を、私のなかに押し込めていますね』。

統合失調症においては、時に「殺される」などといった妄想や幻覚が体験されます。そうした精神病レベルでの病的体験は、患者のなかの原始的な攻撃性が対象に投影されたものであり、〈迫害不安〉(被害的不安)と言われます。ビオンはここで、患者が体験する迫害不安を、患者に成り代わって体験しているのです。ビオンが「殺される」と恐怖を覚えた逆転移は、もともとは患者のなかの恐怖なのです。ビオンは、逆転移を通して体験された患者のなかの迫害不安を、解釈によって患者のこころに収めようとしているのです。

ビオンの解釈によって、患者は手の皮膚が白くなるまでこぶしを握り締めます。すなわち、患者のなかに殺人衝動が戻ってきたのです。ビオンを殺そうとする衝動や恐怖を体験しだしたのですね。ですから、それをこらえるために、患者はこぶしを固く握りしめ、自分の衝動をこらえているのです。危機一髪の状況といってもいいのかもしれません。しかし、幸いなことに、その後、患者の殺人衝動は、患者のこころのなかに留まったので、部屋の緊張が和らぎました。そこでビオンは、さらに次のように解釈します。

『私を殺すかもしれないという恐怖が、あなたのなかに戻りましたね。それであなたはいま、私を殺すかもしれないという恐怖を感じていますね』――原始的な攻撃性は、「殺すかもしれないという恐怖」として情動的な意味に変容し、こころのなかに収まりました。それゆえ、患者の硬く握りしめたこぶしは緩んだのです。

　統合失調症の原始的な攻撃性を扱っている局面ですが、ご覧のように一歩間違えば本当に殺されかねない、ギリギリの勝負を繰り広げていることがおわかりいただけるでしょう。その局面の根拠となったのが、「殺されるかもしれない」という逆転移だったことは注目に値します。ビオンは、精神病のような言語が通常機能を果たさない世界においてこそ、逆転移が分析の糸口になることを示しているのです。
　さて、ビオンの逆転移の活用はこのあと、有名な〈コンテイナー〉理論に発展していきます。そこでは、ビオンの眼差は、ひとの〝こころの痛み〟に注がれていきます。

コンテイナー理論への連結

　ビオンは、ひとのこころの痛みに対して、とてもセンシティブな分析家です。その背景には、ビオン自身の生い立ちが大きく影を落としているように思われますが、[5]ここでは立ち入りません。その代わり、分析におけるビオン自身のセンシティブなこころの使い方を、次に見ていきましょう。

もの想い　先の統合失調症者との分析において、ビオンは殺人衝動という患者のなかの攻撃性を感知したわけですが、その後、ビオンの〝こころの使い方〟は、攻撃性よりも、ビオン言うところの「言い知れぬ恐怖」に向かっていったように思われます。「言い知れぬ恐怖」とは、生存にまつわる恐怖であり、母親の世話なくしては生きていけない乳児の恐怖と考えてよいでしょう。

それが、さらに「言い知れぬ恐怖を誰が読み取り、理解するのか」という受け皿としての対象側の機能のテーマに焦点が移っていったのは、きわめて自然な流れかもしれません。では次に、「言い知れぬ恐怖」のビオンによる扱い方を見ていきましょう。

まずビオンは、分析状況と早期の母子関係を「連結」させます。[6・7] たとえば、精神病の患者が「暗雲が立ち込めそう」と言及したことに対して、分析家は意味がわからず、途方に暮れます。この「暗雲が立ち込めそう」という言及こそ、精神病者の「言い知れぬ恐怖」のひとつの表現型であり、母親がいない状況で乳児が体験する途方に暮れた恐怖に通じます。

この途方に暮れた「言い知れぬ恐怖」は、分析家に伝達され、分析家も途方に暮れます。しかし、まさにこの途方に暮れた関係性こそ、早期の母子関係の反復であり、母親が「私にはこの子のどこが問題なのかわからない」と途方に暮れている状況と同じではないか、と言うのです。

ビオンは、この状況で母親がとるべき対応は、乳児のなかの「言い知れぬ恐怖」を直観し、「そんなわけだったのか」と体験すべきだと説きます。それは母親の〝もの想い〟の能力によってもたらされるのです。

ビオンの命名した〝もの想い〟の能力とは（のちに「コンテイナー」という概念に置き換えられますが）、いわば直観的なこころの理解力と考えればよいでしょう。ことばを換えれば、乳児／患者からの非言語的な投影同一化に対してはたらく、母親／分析家側の正常な逆転移です。それによって、乳児／患者の「言い知れぬ恐怖」は、母親／分析家によって受け止められ、母親／分析家の〝もの想い〟によって、たとえば『怖かったね』ということのこもったことばによって返され、乳児／患者の恐怖はなだめられるのです。

このようにビオンは、乳児／患者の恐怖を読み取る母親／分析家の直観的理解力を重視します。それによって、乳児／患者と母親／分析家のこころは「連結」し、乳児／患者は成長とともに母親／分析家のその理解力じたいをこころのなかに取り入れていくのです。

こうしてビオンの提唱した〝もの想い〟の能力は、臨床状況においては、患者からの投影同一化を、単なる不快の排出としての病理現象から「言い知れぬ恐怖」の非言語的メッセージへと格上げしたのです。そのような視点の転換が図られることによって、患者からの投影同一化を受け取る分析家の逆転移の重要性は、ますます増していったのです。

こころの痛み　〝もの想い〟の能力は、受け手の感性を問います。すなわち、受け手の感性次第によって、クライエントからの投影同一化は、単なる病理現象と片づけられるか、無意識的コミュニケーションとして受け取られるかが、決まってくるからです。

ところでビオンは、「言い知れぬ恐怖」から次第に「こころの痛み」という用語を多く採用するようになっていきました。内容としては同じことを指していますが、その用語の変化は、ビオンの〝こころの使い方〟に、より抑うつ的な色合いを匂わせることになりました。

さらにビオンは、クライン死後の一九六〇年代になると、独自の思索を自由に巡らせるようになります。そのなかでビオンの思索は、メラニー・クラインのくびきから解き放たれたかのように、人間の根源的不安に関する独自の視点を打ち出していきます。それが〈不在〉のテーマです。[8] すなわち、「言い知れぬ恐怖」や「こころの痛み」をもたらす根源に、〈不在〉を定位したのです。

ところで、従来の根源的不安に関する観点としては、イギリス精神分析では、クライン主導の「攻撃性」に焦点が当たっていました。攻撃性こそが、こころの病理を形成する根源とされていたのです。

ですが、そこにビオンはあらたな視点を提唱しました。ここに少しく要約しましょう。

「よい乳房」論　まず、いささか遠回りになりますが、ビオンの思考の発達の考え方から解説しましょう。それが〈不在〉の視点に繋がるからです。

ビオンは、思考の発達に関して、ふたつの道筋を示しました。ひとつは、「前概念と実感がつがう」ことによる思考の発達です。

ちなみに、ここでいう思考の発達は、情緒の発達とほとんど同義です。なぜなら、ビオンのいう思考とは、母子関係やセラピストとの関係のなかで育まれる**自己と他者に関する気づき**だからです。たとえば「自分って被害的になりやすい人間だったんだ」とか「理想の母親を求めていたんだ」といった類いの思考だからです。L・グリンバーグはこうした類いの思考を〈情動的思考〉[9]と表現しました。

ビオンは、そうした情動的思考の発達に関して、まずは「よい乳房」との出会いから発達する思考の道筋を示しました。

ビオンは、人には生まれる前からもっている知識として〈前概念〉が存在すると考えます。これはフロイトの言う「生得的知識」と同じことを言っており、たとえば乳児が生まれながらにして母親の乳房に口を向かわせるようなことを指しています。すなわち、乳児は生得的に母親の乳房が自分にとって良いものであることを**知っている**のです。

実際に現実と出会うことにより、〈前概念〉は現実のものとして実感されます。先の例でいえば、乳児は母親の乳房を咥えることにより、乳房の温かさや甘さが現実のものとして実感されるわけです。これが「よい乳房」との出会いの始まりであり、よい対象関係の基礎として内在化されていきます。

前概念と現実との出会いによる思考の発達は、いわば「よい乳房」論であり、健全な思考や情緒がそこから育成され、パーソナリティの基盤が形成されるのです。

ですが、ビオンの真骨頂となるのは、次の〈不在の乳房〉からの思考の発達にあるでしょう。

「不在の乳房」論　ビオンは、情緒の発達とは、よい体験からもたらされるばかりではないと考えます。そもそも私たちの人生における体験は、よいものばかりではありません。むしろ望んでも得られなかったり、思わぬ別離や裏切りに出会ったりなど、フラストレーションや失意をもたらす体験の方が多いかもしれません。ビオンは、こうしたよい乳房（の体験）の得られない状況を〈不在の乳房〉状況であると考えます。すなわち**よい乳房の不在**です。

この〈不在の乳房〉状況において、その後の情動的体験の道筋はふたつに分かれます。

まず、〈不在の乳房〉に私たちのこころが耐えられなかった場合には、被害的心性に陥る、とビオンは説きます。お腹が空いているのに母親がちっともおっぱいをくれなかったりすれば、乳児は「欲しい乳房がない」と体験するのではなく、「わるい乳房がやってきた」と体験してしまうというのです。

ここでビオンが示しているのは、よい乳房がないという〈不在の乳房〉状況はこころの毒素となりうる、ということです。そのフラストレーションに耐えられない場合、私たちは容易に被害的心性に陥る、ということです。

では、〈不在の乳房〉が毒素とならずに、情動的思考の発達に繋がるような道筋とはどのようなものでしょうか。ビオンの考えは次のようなものになります。

私たちが〈不在の乳房〉の心的苦痛に耐えられた場合には、不在は単に不在としてきちんと受け止められる、ということです。乳児なら「いまはおっぱいがないんだ」「お母さんは忙しくて気づかないんだ」というような受け止め方となるでしょう。そう受け止められれば、いたずらに母親に対して被害的になったり、攻撃的になったりせずに、「不在」に耐えることもできるでしょう。

もとより、〈不在の乳房〉という「フラストレートされた状況」に耐えうるかどうかは、乳児側だけの問題ではありません。そこには、母親側の〈コンテイナー〉としての機能が必要とされるのです。すなわち、よい乳房の不在によって、「言い知れぬ恐怖」に晒されていた乳児に対して、それを理解し、なだめる対象側の機能が必要となるのです。たとえば、「お母さんがいなくて、寂しかったのね」などと言って、乳児の「こころの痛み」を汲み取り、伝え返すコンテイナーとしての機能です。それが後々、乳児みずからのこころの機能として内在化されていくのです。

クラインが強調したのは〈攻撃性〉でした。すなわち、「よい乳房への羨望」（原始的攻撃性）によって、よい乳房は**わるいもの**として体験されます。しかし、みずからの〈攻撃性〉に気づくことによって、「罪悪感」や「償い」の念が生起し、乳房は**よいもの**として復活する、というのです。

クラインにおいて「わるい乳房」として体験されていたのは、あくまでも乳児側の〈攻撃性〉の投影の産物であったわけですが、ビオンはそこに、人生において不可避の「よい乳房の不在」を置いたのです。

「わるい乳房」は、実際に母親がわるいわけではなく、かといって乳児側の投影の産物とも限らず、人生において避けられない対象との「分離」「断裂」「隔絶」「相違」といったような状況から生れ出ます。私たちが子宮から生れ出た以上、常には対象と融合できない現実が、〈不在の乳房〉状況を作り上げているのです。

結局のところ〈不在の乳房〉とは、よい乳房がいつも存在するわけではないという、「対象との分離」のテーマにほかなりません。したがって〈コンテイナー〉理論とは、対象との分離に伴う**毒素の消化**理論なのです。

こうしたビオンの臨床感の背景には、ビオン自身が、人生上で何度も出会ってきた〈不在の乳房〉の過酷さによって打ちのめされてきた体験が控えているのでしょう。それによって、ビオンの眼差しは攻撃性よりも**分離の痛み**に向かったのでしょう。

このようにビオンの捉える《逆転移》の射程は、ひと括りにはまとめられません。広く及んでいるのです。「迫害不安」から、「言い知れぬ恐怖」から、「不在の乳房」まで、ビオンの〝こころの使い方〟は年代を追うごとに、深化と広がりを見せているのです。

劇化としての／憑依としての逆転移［D・W・ウィニコット］

ドナルド・W・ウィニコットほど、セラピーの天才という称号が似合う人はいないでしょう。ウィニコットの臨床実践は、定型的な分析の枠組を軽々と飛び超え、縦横無尽です。『やあやあ』と言いながら、コーヒー片手に患者を迎え入れ、ビスケットなども一緒に食し、時には、患者の頭をやさしくなでたり、大規模な退行を許容し、時間枠も三時間と破格だったりします。

こうした型破りの背景には、彼自身のパーソナリティの自由さがベースとしてあるのでしょうが、小児科医としてのキャリアも大きく影響していることでしょう。小児科医として六万ケースも診たともいわれていますので、豊富な臨床経験の蓄積が、分析枠のなかに収まりきるのをよしとしなかったのかもしれません。

さて、D・W・ウィニコットの《逆転移》論としてさしあたり有名なのは、「逆転移のなかの憎しみ」[10] です。この論文で、ウィニコットはセラピストや母親側のこころのなかに生じる、患者や子どもに対する憎しみの念の重要性について論じました。

逆転移のなかの憎しみ

ウィニコットは、言います——「分析家自身の憎しみがうまく解決され意識されていないと、精神病者の分析は不可能となる」[10]と。というのは、分析家が患者を憎むことができないなら、分析中の精神病患者が分析家に対する自分の憎しみを容認する *tolerate* ことは期待できないからです。同様にして、母親も「乳児をこころのなかで憎む」ことを容認できる必要があるのです。そうでないと乳児は、絶対依存の時期に必要とされる、「無慈悲な愛」（乳児の貪欲さ）を当然のこととして振る舞うという〈攻撃性〉を、充分に発揮することができないからです。

ウィニコットは、母親が乳児を憎む理由をいくつか挙げています。「赤ん坊は、母親自身の思い抱かれたものとは違う」「赤ん坊は、妊娠と出産において母親の身体を危険にさらす」「赤ん坊は、無慈悲で、母親を屑、無給の使用人、奴隷のように扱う」「赤ん坊の興奮した愛情は物欲の愛なので、望むものを手に入れると、オレンジの皮のように母親を捨てる」、などなどです。

母親は、赤ん坊に対して憎めども報復はできませんが、ウィニコットがいうには、子守歌のなかで、報復ではない**遊びとしての憎しみ**が言語化されているのです。

赤ん坊おねんね　木の上で
風吹きゃ　揺りかごゆれるでしょう

大きい枝が折れたらば　揺りかごどすんと落ちるでしょう
赤ん坊　揺りかご　何もかも
まっさかさまに　落ちるでしょう

ウィニコットは、この子守歌は、感傷的な詞ではないと言います。感傷は親にとって憎しみの否認を伴うので、意味がないのです。

同様に分析家も、患者を客観的に憎む必要があるのです。分析家の憎しみは、次のような分析的営みのなかに秘められている、とウィニコットは言います。分析家は分析によってお金を得ている。分析家は分析によって社会的地位も含め、大きな報酬を得ている。さらには、分析家は、面接時間の終わりを告げることによって、憎しみを表現している、などです。

ウィニコットはここで〈攻撃性〉の扱いを説いているのです。患者や乳児がみずからの攻撃性を抱えることができるようになるには、分析家や母親がみずからのなかに攻撃性を認識し、それをホールディングできたとき、初めて可能となるというのです。

このあとウィニコットは、憎しみを表現できるようになった子どもや患者に対して、「対象が生き残ること」の必要性を説きます――「母親の仕事のうち重要な部分を占めるのは、赤ん坊がその後遭遇することになる多くのこと、つまり、赤ん坊が何回攻撃してもそのつど対象が生き残るということを通して、赤ん坊に対応する最初の人間になることである」[12]〔祖父江による訳の一部改変〕。

ウィニコットは、子どもや患者からの攻撃に対して「対象が生き残ること」によってこそ、彼らが対象を別個の人間として使用し、主観の外側の世界に位置づけることが可能になる、と言います。なぜなら、子どもや患者の激しい攻撃性によって対象側が生き残れなかったとしたら、それは、彼らに「原初的罪悪感」を植えつけ、対象とのネガティブな同一化から抜け出せないことになるからです。そうなれば「ネガティブな繋がり」によって、対象との分離を果たせなくなるでしょう。

精神病やパーソナリティ障害などの、病態が重い患者になるほど、私たちの胆力は試されます。セラピストが、みずからのこころの奥に潜むエゴや憎しみを認識し、内に抱えることによって初めて、患者も、みずからの攻撃性に対する恐れを減弱させることができるのです。その後、患者が攻撃性をセラピストに向けてくる際にも、セラピストは生き残る必要があるのです。

ポーラ・ハイマンの逆転移論[13]登場前の一九四七年という年に、セラピスト側の〈憎しみ〉という扱い難いテーマを俎上に載せ、さらにはそれを「対象が生き残ること」への実践的な治療論に結びつけていった、ウィニコットの慧眼には恐れ入るばかりです。ですが、ウィニコットの〝逆転移の使用〟の真骨頂は、これに留まりません。

劇化としての逆転移

ウィニコットのプレイ・セラピーは、文字どおり「遊び」に満ちています。精神分析の枠に縛られることなく、自由なプレイが演じられているからです。しかも、『子どもの治療相談面接』[14]では、ほとんど一、二回の面接によって子どもたちの症状が治癒しているケースも珍しくないのです。そこには、ウィニコットならではの天才的な関わりの妙が伺えます。

ここでは、ウィニコットの有名なプレイ・セラピーの症例ピグル[15]をとりあげましょう。そこに、マイケル・ジェイコブスが「プレイの劇化」と名づけた[16]、ウィニコットの傑作なプレイ技法を目撃することができるでしょう。


二歳五ヵ月の女児　ウィニコット晩年のプレイ・セラピーです。ウィニコット六十八歳、ピグル二歳五ヵ月で、セラピーが始まりました。セラピーはオンディマンド法で計一六回、ピグルが五歳二ヵ月のときに終了しています。ウィニコットは「週五回の分析技法が、時として家庭本来のもつ力を損なったり、子どもの自然な情緒発達の妨げとなったりするので、オンディマンド法にも優れた点がある」と述べています。このあたりも、小児科医として日常臨床に携わっていた、ウィニコットならではの観点でしょう。

さて、ピグルですが、母親からの手紙によって、ウィニコットにコンタクトが図られました。すなわち、もともと大人びた子だったようですが、ピグル一歳九ヵ月のときに妹が誕生し、それ以来、ぼんやりしてふさぎ込んだりと、大きな変化があったとのことでした。さらには、「黒ママ」「黒パパ」などの幻想があり、それらが夜中に、ピグルの後をついてきたり、ピグルのお腹に住んでいたりするのでした。

母親が『ウィニコット先生は、黒ママについてわかってくれる』と言ったところ、ピグルみずからウィニコットのところに行きたいと二度までも言い、面接が開始されました。

ウィニコットは、初回面接から能動的です。ピグルの不安が妹の誕生にまつわることだと最初から見当を付け、そこに焦点化したかのようなセラピーをおこなっているのです。

初回面接でピグルが恥ずかしそうに入室し、部屋の後方でおもちゃを使って遊んでいると、ウィニコットは熊のおもちゃを自分のところに持ってくるように誘います。ピグルはウィニコットに熊のおもちゃを見せ、また一人で遊び始め、汽車の車両をつぎつぎに取り出して、『またあった。またもうひとつあった……』と、ひとりごとのようにつぶやきます。

ここでウィニコットは素早く仕掛けます。『もう一人の赤ちゃん、ザ・サッシュベビー（ピグルが妹を呼ぶときの名）』とピグルに語り掛けるのでした。すなわち、ウィニコットは、ピグルが『またもうひとつあった』とつぶやいているのは、妹の誕生を表している、と理解したのですね。

ウィニコットの問い掛けに反応して、ピグルは妹誕生の時について話し始めるのでした。すなわち、妹はベッドから生まれてきたこと、そのときピグル自身も赤ちゃんで、ベッドで寝ていたことなどです。ですが、ピグルは途中でその話をするのが怖くなり、母親のもとに行きたがります。ウィニコットは『怖くなったのかな』と、ピグルの不安をとりあげ、プレイを継続します。ピグルはイチゴ籠にいろんなものを詰め込むという遊びを展開します。

ここでもウィニコットは素早く介入します。『みんなごちゃまぜにしてお料理をするように赤ちゃんを作っているんだね』と。ピグルは、いよいよ不安になり、『パパとママを呼んできたいわ』と言ったあたりで、初回面接は終わっています。

ところで、一般にはウィニコットに対するイメージとしては、ホールディングを主とした受容的なセラピスト、というものかもしれません。確かにウィニコットは、人柄としては快活で明るく、それがセラピーの基調低音となっていますが、『子どもの治療相談面接』でもそうですが、ウィニコットが不安の核心に迫る速度は非常に素早いです。受容的なセラピストという枠には決して収まらないのです。退行を許容するのも、問題の核心に迫るためなのです。

さて、この初回面接で、ウィニコットはピグルに関して、次のように見立てます。すなわち、妹の誕生によって排除される不安が生じ、「黒ママ」「黒パパ」という悪夢がもたらされた。「黒ママ」は母親に対する対抗心、などです。

あとは、プレイのなかでそうした不安をどのように取り扱うかですが、そこにウィニコットのプレイ・セラピーの真骨頂が見られます。それが〈プレイの劇化〉技法です。

第二回目の面接から見ていきましょう。

プレイの劇化　二回目の面接でも、ウィニコットは、ピグルの不安の核心に素早く迫ります。ピグルが乳母車のことを話題にしたときに、『それはピグルの自動車かな？　それとも赤ちゃんの自動車かな？』と。さらには『赤ちゃんはお母さんの内側から生まれてくるんだよ』と、妹の誕生の話題にウィニコットは踏み込みます。これは、日本の標準的なプレイ技法では、まずお目にかかれないセラピスト側の能動的な関わり方でしょう。

ピグルは、ウィニコットのその問いかけに乗ってきます。『そうよ、黒い内側からなの』と答えるのです。そしてピグルは、バケツにあふれるほどのおもちゃを入れます。ウィニコットは、先回のプレイにおいて、ピグルがバケツを一杯にし、お腹一杯がつがつ食べることで、赤ちゃんを作るのだという話をしたことを思い出します。ウィニコットは解釈します。

『ウィニコット先生は、ピグルの赤ちゃんだね。その赤ちゃんは、赤ちゃんのお母さんのピグルをとっても愛していたから、いっぱい食べたんだね。その赤ちゃんはとても食べすぎたので吐いていたんだね』――ここでウィニコットは、自分自身をピグルの赤ちゃんと見立てて話をしているのです。ですから、これは正確に言えば解釈ではありません。ウィニコットは、みずからを赤ちゃんと見立て、劇の相手役を演じているのです。

この劇の延長上で、遂にウィニコットはこう叫びます――『私だけが赤ちゃんなんだよ。私はおもちゃをみんな欲しいんだよ』と。するとピグルは『私も赤ちゃんよ』と返します。このあと、ウィニコットは大きな音を立てておもちゃをぶつけ合い、自分の膝を叩いて『先生だけが赤ちゃんになりたいんだよ』と言います。ピグルはそれに対して大喜びし、親指をしゃぶりながら『私も赤ちゃんになりたいの』と言って、父親の膝から顔を覗かせ、生まれる動作を繰り返すのでした。

その後、とうとうピグルは『赤ちゃんをごみ箱に捨ててしまえ』と、赤ちゃんに対する憎しみを表明します。さらには父親の頭のてっぺんから自分が生まれるという遊びを思う存分にして、満足して帰宅したのでした。

さて、ウィニコットのプレイ技法をご覧になり、皆さんはどのようにお感じになられたでしょうか。破格・型破り・自由・縦横無尽など、さまざまに形容されるところでしょう。

ですが、ここで押さえておきたいのは、ウィニコットは縦横無尽に遊びを展開しながらも、ピグルの〈根源的苦痛〉に素早く迫っていることです。これがウィニコットのプレイ・セラピーの特徴として見逃せないのです。

ピグルは無意識では、妹の誕生によって、乳房が奪われてしまったように感じたことでしょう。ですので、母親や妹に対する「憎しみ」を潜在的には抱えているのですが、それらは抑制されるか、黒ママという「不安」に転嫁されています。もちろんこのことは、ピグルの無意識で起きていることです。ウィニコットは、それを素早く読み取り、ピグルの代わりに貪欲な赤ん坊を演じることによって、ピグルの貪欲さや攻撃性を表現しているのです。こうして、ウィニコットが自由に貪欲な赤ん坊になることによって、ピグルは大喜びし、〈攻撃性〉を遊べるようになっていきました。

この後の展開は、まさに攻撃性の遊びから「出生と性交の遊び」、ウィニコットとの別れを予兆する「不在の遊び」などが展開されます。そして最終回には、ウィニコットは「リンボー界」に捨てられるかのように、ピグルはあっさりと『さようなら』と言って終了していったのです。

このピグル症例のなかでウィニコットは、直観的に読み取ったピグルの不安を、解釈というよりは、赤ん坊になりきることによって劇化して扱いました。独特の〝こころの使い方〟です。余人には真似のできない芸当です。

こうした芸当は、ウィニコットにおいては、何も子どもに対してばかりではありません。大人のクライエントに対しても、恐るべき〝こころの使い方〟をしているのです。

憑依としての逆転移

狂っているのは私です　知的職業で名を成した中年男性が、二十五年近くも他の分析を受けてきましたが、まだ問題が残っていると感じ、ウィニコットの分析を受けるようになりました。
ウィニコットは、この男性の話を聞くうちに、この男性がゲイではないのはわかっているものの、女の子の話を聞いているような気分になっていきます。

DW　**『私はいま女の子の言うことに耳を傾けています。……私はその女の子にこう言います。「あなたはペニス羨望について語っていますね」』**

男性　**『もし、この女の子のことを誰かにしゃべったら、狂っているといわれるでしょうね』**

DW　**『その寝椅子に男性がいるのに、女の子を見たり、女の子が話すのを聞いたりしたのは、この私なのです。狂っているのは私です』**

ウィニコット自身、「狂っているのは私です」ということばが、みずからの口を突いて出たことに、驚きます。彼はこの男性のなかに少女を見出し、そんな自分を狂っているように感じたのです。ですが、そもそも、少年だった男性を少女のように見ていたのは、母親であり、彼女の狂気だったのです。

ここでウィニコットは、転移的には母親そのものとなっています。男性から投影された母親の狂気を引き受け、ウィニコットみずからが男性の母親になっているのです。ピグルにおいて、ウィニコットが赤ちゃんを演じていたのと似ていますが、ここではウィニコットの劇化は、ウィニコット自身にも無意識のうちになされたのです。

ウィニコットは、まさに患者の母親に憑依してしまったのです。「本音としての逆転移」という水準をはるかに超え、「憑依としての逆転移」という境域にまで到ってしまっているのです。このような驚くべき〝こころの使い方〟は、他に類を見ません。

翌セッションとなります。妻と満足のいくセックスをしたのに感染症に罹り気分がよくない、と男性は語ります。

DW **『気分がよくないのは、この少女からの抗議なのです……この少女が認めることができる、分析の唯一の終結は、あなたが実際は少女であることの発見なのです』**

男性 **分析が無限に続く運命ではなくなる、と感じる**

これは、こういうことです。男性の母親は、無意識のうちに男性に男の子ではなく、女の子を求めた。それは男性にとっては、とても苦痛なことだったが、いまではみずからのなかに母親の期待どおりの女の子が存在するように感じられるようになった。だが、それは男性には、狂気と思えるほどの違和感でしかない。しかし、ウィニコットが、その狂気を転移的に引き受け、男性の母親になりきることによって、男性の狂気不安は緩和した。だが、話はそこで終わらない。実は、男性のなかに、認めがたい少女がいることを受容していくことこそが、分析の最終課題となる、ということです。

もちろん、ここでいう「少女」とは、男性が文字どおりのゲイであることを指すわけではありません。母親から期待された、男性にとっては自我違和的な少女的マインドが否応もなく植え付けられていることを意味しているのです。その自我違和的な少女マインドを、男性が否認せずに受け入れることこそが、分析の最終課題として、男性にも認識されたのです。

　こうしたウィニコットの〝こころの使い方〟は、通常の逆転移の使用にはまったく当てはまりません。あたかも直観的理解が降臨するかのように、ウィニコットは、患者の転移的対象像になり切ります。その憑依した水準で、時に患者に関わるのです。

　ウィニコットの天才の証は、他にもいろいろあるところですが、この「逆転移にまつわる劇化／憑依」も主要な位置を占めることでしょう。まさにウィニコットならではと言ってよい、おそるべき技法なのです。

第三章　こころを使う その参 ―― 諸外国のより新しい〈逆転移〉観の展開

本章では、比較的近年の諸外国の精神分析家の〝こころの使い方〟を見ていきたいと思います。逆転移の理解や使用に関して、大胆で繊細な織物のような見事さと美しさが、目撃されることでしょう。

倒錯的世界を探知するもの［B・ジョセフ］

近年、惜しくも亡くなってしまいましたがベティ・ジョセフは、ソーシャルワーカー出身のとても細やかな感性と、クライン派らしい鋭い切り口で、現代クライン派のなかで特別な地位を築いた分析家と言っても過言ではないでしょう。細やかさと鋭さをきわめて高レベルでキープしている分析家は、なかなかお目にかかれるものではありません。

一九七〇年代頃よりB・ジョセフは次第に、オリジナルな着想を展開するようになり、たとえば、次のような見解を表明します――「分析家はそこで起こっている投影同一化に気づくこと、そして分析家は、患者の失われた部分を充分長い間経験できるように投影するがままにさせておくのを厭わないこと」[1]。

ジョセフは分析家の態度として、解釈より先に「充分に投影を引き受ける関わり」を強調しているのです。さらには、解釈が思慮深くとも、そうした分析家の引き受ける態度がなければ、解釈は影響力をもたない、とまで言い切っています。これは従来のクライン派のなかでは、かなり異質な見解だと言ってもよいでしょう。というのは、解釈は早めに投与されるのをよしとする考えが主流だったからです。

このようなジョセフの「投影を充分に引き受ける態度」は、早めの解釈では見えなかった新しいこころの地平を照らし出したといってもよいでしょう。それは、**逆転移の感知力の細やかさ**にも繋がっています。

偽りの共謀関係

逆転移の細やかな感知力において、ジョセフの右に出る者はいないといっても過言ではないでしょう。クライン派の鋭さをもち併せながらも、患者からの投影を充分に引き受ける治療態度によって、その感性に磨きがかかったのです。ジョセフは、非言語の網の目によって張り巡らされた患者からのメッセージを、確実に紐解き、そのメッセージの裏側にある〝こころの痛み〟に迫ります。その際に使用する主要な武器が、逆転移なのです。

ジョセフは、さまざまなパーソナリティ病理をもつ患者との分析においては「偽りの共謀関係」が生じやすいことを説きます。それをジョセフは、解釈の内容じたいよりも、解釈が**患者によってどう利用されているのか**、そこに分析家の感性を集中させる必要性を強調します。たとえば、次のような臨床素材を提示しています。[2]

ある男性患者は、表面上は協力的ですが、次のセッションになると、気の抜けたような記憶となり、『ええ、そのセッションは覚えていますよ』と反応するのみです。ジョセフは、患者を励まし理解させなくてはならないようなプレッシャーを感じます。その後、患者は次のような連想に進みます〔祖父江による訳の一部改変〕。

男性　**『箱のなかに入って暗闇を見ているようです。ある夜のパーティで同僚の女性に会いました。彼女はとても素敵なドレスを着ており、上の方に水平に目の形をしたスリットが三つ入っていました。目を三つ持っていれば、一度に見ることができるのに』**

ＢＪ　**『スリットから私の内側に完全に入ることを望んでおり、内部に閉じ込められたいと思っていますね』**

翌日の面接で、ジョセフの解釈は患者によって誘惑と受け取られていることが明らかになります。すなわち、ジョセフの解釈は、患者にはことばの字義どおりには受け止められず、彼女の内部に投影するように誘われたと体験されていました。患者は、それによってジョセフの内部に侵入するかのような、不法なことをしている興奮を覚えていたのです。

このように、たとえ解釈が正しかったとしても、患者にはそれは誘惑的な興奮として受け取られることがあるわけです。それに無自覚であると、分析的な関係は、分析家の解釈したい欲望と患者の興奮させられたい欲望との「共謀」関係が成立し、分析は見かけ上はうまくいっていたとしても、偽りの関係となります。それによって、患者の〝こころの痛み〟の真実には接近できず、患者の抑うつ不安は回避されてしまいます。

ジョセフは、重篤なパーソナリティ病理をもつ患者との分析においては、こうした偽りの関係性（共謀関係）は生起しやすいものと考えます。したがって分析家が、みずからの《逆転移》をよくよく吟味することを促しているのです。すなわち、「よい解釈を欲望していないか」「分析をもっとワークさせねば、と思っていないか」などを吟味しなければ、分析家側の焦りや欲望によって、患者との偽りの共謀関係に陥りやすいというのです。

さらにジョセフの繊細かつ鋭い感性は、マゾヒズムの病理の闇にメスを入れていきます。

関係性のマゾヒズム

ジョセフの逆転移の鋭い感性は留まるところを知りません。とうとうマゾヒズムの本丸にまで迫ります。臨床素材[3]から見ていきましょう。その男性は、有能で職業的な成功を収めたにもかかわらず、愛情関係に欠け、不遇感を拭えません。あるセッションでのことです〔祖父江により訳の一部改変〕。

男性は、面接料を支払うための小切手を忘れ、しかも仕事に関しても不安を抱いていると語ります。さらに、恋人がセックスをしたがっていることも、恐ろしく感じるというのです。『僕は彼女を残酷に扱おうとしているのだろうか?』と、彼はジョセフに尋ねます。それに対して、危うくジョセフは『そうです』と言ってしまいそうになります。そのあとで、男性は夢を語ります。

夢　古い感じの店のカウンター席にいた。彼は背が低く、カウンターの高さと同じくらいしかなかった。カウンターの後ろには誰かがいた。女性店員だった。その店員の傍らに店の帳簿があり、彼女は彼の手を握っていた。彼は彼女に『あなたは魔女ですか?』と尋ねていた。彼は何度も執拗に尋ねた。その様子はまるで、彼女から『そうです、私は魔女です』という返事を聞きたいかのようだった。彼は、その店員がうんざりして握っている手を引っ込めるのではないか、と感じた。どこかに幾列にも並んだ人々がいて、彼がしたことを批判しているような感覚がぼんやりとあった。その店内には馬がいて、蹄鉄を打たれていたが、その蹄鉄は白いプラスチックのようなもので、ちょうど男性の靴のかかと部分に付けるくらいの形と大きさだった。

ＢＪ　仕事や恋人への絶望に私を同意させようとしている。恋人に対する尊大な態度を私に批判させ、あなたと私に絶望感と無力感を抱かせようとしている。しかも、馬の蹄鉄打ちの興奮から、あなたはその絶望感の残酷な性質とともに性的興奮のようなものを得ている、と解釈。

男性　絶望感に伴う性的興奮と恐怖はとても大きいので、それほどまでに大切で刺激的なことはそれ以外には何もないように思える。

ＢＪ　不安と絶望感は、洞察と自慰的興奮に囚われているが、そこにはあなたの勝利感も存在し、私に対するサディスティックな攻撃にもなりえている、と解釈。

いささか長くて複雑なやりとりでわかりにくいですが、簡潔に説明したいと思います。『僕は彼女を残酷に扱おうとしているのだろうか?』という患者の発言に対して、ジョセフは危うく『そうです』と、恋人に対する彼の冷たさに批判的に言及するところでした。ジョセフがこうした逆転移を喚起されたのは、彼のマゾヒズムに乗せられたからだ、ということです。すなわち、患者はジョセフから少なくとも無意識的には責められたがっているのです。傷つけられたがっているのです。そのことが夢のなかで明確になります。

ジョセフは夢から、「患者が、仕事や恋人への絶望を感じているばかりでなく、その絶望感が馬の蹄鉄打ちのような残酷な性質を帯び、しかもその残酷さが性的興奮をも帯びている」と解釈します。すなわち患者は、マゾヒズムによる苦痛ばかりでなく、それに伴う性的快感や興奮を体験しているのです。それゆえに、患者はマゾヒズムの病理から抜け出せないわけですね。

ジョセフがここで探知した逆転移は、明記されていないので推測の域を出ませんが、おそらくみずからのサディズム衝動でしょう。おそらくジョセフは、患者を責めたい、痛めつけたいというサディスティックな心情をみずからの内側に見出したのだと思われます。そこから、患者のマゾヒスティックな絶望やそれがもたらす興奮を感じ取ったのだと思われます。ジョセフほどの感性のもち主なら、患者のマゾヒズムの発見にみずからのサディズムの触発が関与していたことに、気づいていないはずはないからです。

さらにジョセフはここで、マゾヒズムという病理から抜け出せない謎を解き明かしています。それは性的なマゾヒズムに限らず、関係性のマゾヒズムには、苦痛ばかりではなく、むしろ快感や興奮が大きいと言っているのです。

ジョセフのこの洞見は、今日の虐待やＤＶの病理をよく解き明かしています。時にこれらの事例にて、ひどい暴虐から逃れようとしない（できない）ケースが見られます。従来の観点では『暴虐を受けるのは自分が悪いからだ』という罪悪感や無力感から、逃れる気力が奪われている」という理解ですが、ジョセフの観点を援用すれば、さらにこころの闇の解明に進みます。すなわち「無力感や絶望感が、快楽を産む」という理解に接続するのです。

その快楽とは「破滅願望」といってもよいでしょう。すなわち、破滅して楽になりたい願望です。そこに無力さの快楽がある、ということは、時に虐待事例によって明らかになるところです。

さらに無力感にはそればかりでなく、破滅することによって、わるい対象に対して一矢報いたいという「復讐願望」も秘められているのです。たとえば、いじめを受けた当事者が、自死によっていじめた相手の暴虐を明るみにしようとする企てのなかには、復讐願望が秘められていることでしょう。その意味で、復讐も、ひとつの快楽であることには違いないのです。

このようにジョセフは、その細やかな逆転移によって、患者との共謀やマゾヒズムの病理にメスを入れ、そこから患者のこころの真の痛みにアクセスする道を拓いたのです。

ジョセフの逆転移の探知力には、驚かされるばかりです。

精神病の無体験の世界に対して　［T・H・オグデン］

トーマス・オグデンは、アメリカ西海岸の開業分析家です。イギリスのタヴィストック・クリニックにも留学経験があり、ビオンとウィニコットに影響を受け、対象関係論のオリジナルな思索を展開しています。三十代の若さですでに頭角を現し、アメリカ精神分析学会のリーダーとして将来を嘱望されましたが、公にはあまり顔を出さず、開業の道を歩んだ分析家です。

オグデンの魅力は、なんといっても、臨床ビネットの美しさでしょう。オグデンの感性はまるで、ピアニシモの繊細さとフルレンジの音使いの豊かさとを兼ね具えたピアニストの感性のようです。そうした感性をフルに活用した、オグデンのオリジナルな技法も、これまた美しく、こころ揺さぶらせます。

オグデンの〝逆転移の使用〟をとりあげる箇所は、いくつもありますが、ここでは統合失調症の臨床素材を俎上に載せたいと思います。と言いますのも、統合失調症の精神分析に関しては、クライン派の第一世代において大いに実践されたところですが、おおむね攻撃性の解釈を中心とした臨床実践であったかと思われます。ですがオグデンは、それらの先人たちの功績にまったく捉われることなく、みずからの臨床感覚や臨床実感に基づいて、セラピーに当たったったのです。その臨床報告は、感動的で美しくすらあります。さらには、「統合失調症がよくなるとは、こういうことか」と、はたと膝を打ちたくなるほど、説得力があるのです。そこには本物感があります。

前置きはこのくらいにして、早速、オグデンの臨床実践を見ていきましょう。

無体験の概念

三十代前半の若さで発表した投影同一化論文にて一躍脚光を浴びたオグデンは、その後、精神病の内的世界に関する独創的な解明に向かいます。

それまで統合失調症の精神分析的理解としては、大規模な投影同一化から幻聴や妄想などの精神病症状が形成される、というものでした。しかし、オグデンはそれに異を唱えたのです。すなわち「投影同一化すら機能していない内的世界がある」と主張したのです。

オグデンのこの主張のすばらしさは、それがあくまでも臨床実感に基づいて見出されたものであることとです。たとえば私たちが、精神科病院で入院している慢性の統合失調症の方たちに関わっていると、彼らが攻撃性に満ちた内的世界をもっているようにはまったく思えなかったりします。攻撃性というよりも、むしろそこには、空虚さや平板さがあるだけであり、緊張感も何もなく、時間も淀んでいるような感覚を覚えるものです。

オグデンはこうした臨床実感を頼みに、統合失調症者との個人分析を進めていったのです。そこで導き出されたのが、〈無体験〉の概念でした。オグデンは、統合失調症をこう理解しました。統合失調症には「意味を保持しよう」とする心的状態と「意味を破壊しよう」とする願望のせめぎあいが、無意識に営まれている。その結果、後者が優勢となり、心的意味は破壊され、その現実化として〈無体験〉が生じうる。そこにおいては、心的な意味は何も生じない、というのです。ですから〈無体験〉の時期においては、投影同一化すらはたらいていません。これは、「攻撃性」中心の統合失調症理解からは、一八〇度方向転換した画期的なものでした。

一方、セラピスト側からすると、患者からの投影同一化がはたらいていないので、セラピストのこころのなかにも情動的な波動は、何も生じません。その結果《逆転移》は、肯定的でも否定的でもなく、無となります。

こうした〈無体験〉の時期を意味ある解釈によって打開しようとする試みは、時として危険でもあり、侵入的でもある、とオグデンは説きます。この局面において必要とされるのは、「沈黙の解釈」なのです。解釈による、患者の内的世界の性急な意味づけは、患者の自己を失わせる体験となりえてしまうのです。

したがって〈無体験〉の時期においては、セラピーは沈黙の時間となり、何も変化しません。しかし、何も変化しないということじたいが、唯一、意味ある営みとなりうるのです。なぜなら、何も変化しない時間に、一緒に付き合うセラピストがそこに存在するからです。患者のこころに侵入せず、変化も押しつけないセラピストがそこに存在することこそが、唯一、意味をもつのです。

次に、いささか長くなりますが、オグデンの臨床素材を見ていきましょう。統合失調症の青年との分析プロセスです。

ロバート症例

ロバートの生い立ちや家族との関係は、かなり悲惨なものです。

母親はエキセントリックな人で、ロバートの父親とは三度目の結婚です。魅惑的で、娼婦のような人で、一度目の結婚はパラシュート・ジャンパー、二度目は高名な理論物理学者です。母親は母乳にこだわったので、ロバートの歯が生え、乳首が傷ついて感染しても、母乳で育てました。ですが、子育ては一貫せず、ロバートが六歳時には、突然、ダンスに夢中になり家に帰らなくなったり、九歳時にはレズビアンの関係に耽溺したりし、両親は離婚しています。

ロバートの父親は弁護士ですが、ロバート誕生後、家族から情緒的に引きこもり、仕事に没頭するようになります。

ロバートの生育は、八歳まではほとんど母親の傍らにいて、抑うつ的で引きこもり傾向にあり、九歳のときはすでに幻覚妄想状態を経験しています。その内容は「何千もの蜘蛛が喉から侵入してくる」というものですが、ロバートはこれを誰にも話しませんでした。

ロバートは十五歳になってもほとんど単語のみしか話せず、十六歳時には先天的な眼疾患により、失明しています。

十八歳のとき、離婚した父親が家庭を訪問しましたが、ロバートは母親の食事を拒否し、一方、母親自身は宗教に没頭し、ロバートの世話を放棄も同然でした。それで父親はロバートを引き取り、以後、盲学校に通わせます。

しかし、その引っ越し一年以内の十九歳時に、ロバートは急性精神病状態に陥り、精神科病院に長期入院することになりました。これを機にオグデンとの分析に入りました。週五回の面接です。

無体験の時期　最初の四ヵ月間は、ロバートは単語での返答のみで、みずから発言しません。天井の一角を見て震えており、蜘蛛の幻覚が活発で、体内に入り込み死ぬ恐怖を覚えているようです。オグデンは、ロバートと一緒にブラックホールに落ち込んでいくような感覚を覚え、それから逃れようと懸命に症状に関する質問をしますが、そのうち言語的交流はまったく無くなってしまいます。オグデンには成す術がなくなります。

その後、一〇ヵ月のあいだは、精神病症状は消失しますが、無時間の感覚のような、意味の感じられないセラピーが続きます。そこには何の興味も圧迫感もない、長い沈黙の時間が訪れるだけです。ですがロバートは、毎回、オグデンのオフィスに杖を突いてやって来ては、死んだようにソファに沈み込むのです。

この時期ロバートは、オグデンに対する無限の迎合を示します。門切り型の応答で、ロボットのような答え方をするのみです。オグデンの質問に、おうむ返しするだけなのです。オグデンは、それ以上質問する意欲をなくします。しかも、ロバートは、面接時間を一定の割合で眠っているのです。オグデンの《逆転移》は、「眠る乳児」というものではなく、脅かしも愛おしさも感じさせない「ただの生き物のよう」というものでした。

オグデンはこの時期の無体験の意味を「個人内現実化」という概念で説明しています。すなわち、意味を現実に破壊し「無意味な物じたい」として排出している。したがって、心的意味は生起しないので、心的苦痛も体験されない、と。

したがって、この時期に解釈をすることは、患者の生活すべてに意味がないことのセラピスト側の否認になりえます。セラピストにできることは、患者に投影同一化機能がはたらくようになるまで〈無体験〉の意味を理解しようとする、コンテイナーとして機能することだけなのです。また、〈無体験〉の時期におけるセラピストの逆転移は、「逆転移の不在」であり、拒絶も、攻撃も、同情も、親心も、フラストレーションも何もないと言います。

さて、こうした〈無体験〉の時期を通過し、ロバートは次第に違った相貌を見せるようになっていきます。

悪臭という具象化　オグデンとのセラピーも一年を経過する頃になると、ロバートの症状はむしろ悪化していきます。すなわち、髪はべとべと、顔には食べかすがつき、悪臭を放ちます。オグデンの逆転移は、気持が何も起きないというものから、オフィスの家具が汚されるという「嫌悪感」や「恐怖感」に変化します。ロバートが椅子にもたれる度に、オグデンには緊張感が走ります。

オグデンは、この状況を何とか変えようとして、ロバートに状態の悪化のきっかけを尋ねます。ですが、ロバートはまるで無反応です。オグデンは、以前には感じたことのないような、ロバートからの拒絶感を覚えるようになります。

ロバートの汚さは、面接外でもオグデンを支配するようになります。すなわち、レストランや映画館に行っても、ロバートの臭いを連想させる人を避けるために席を移動します。しかも、ロバートは病院スタッフに身体を洗われるのを拒否しており、オグデンはロバートがオフィスの椅子に座っているときには、次第に「怒り」の気持が沸騰するようになります。ですが一方、ロバートの方は、沈黙や盲目によって、オグデンの怒りからは隔絶されていたのです。

ここに至って、オグデンの逆転移は明瞭に変化しました。すなわち、ロバートに対する怒りが強烈に沸いてきたのです。このことの意味は、後ほど判明することになります。

そんな状況のなか、不意のエピソードが起きます。サイレンの大きな音が鳴ったのです。

RB　**『サイレンだ。彼らはあなたを捕まえて監禁しようとしている』。長い沈黙。『あなたは取り囲まれている』。ロバートは、急性精神病状態の蜘蛛幻覚で入院したとき以来の言語的空想（妄想）を語ったのです。**

TO　**『侵入されると言いたいの？』とロバートに尋ねますが、ロバートは笑って答えません。**

このあたりにも、〈無体験〉の時期とは違った、無視するようなニュアンスがあるわけです。もはや「何もない」関係性とは違ってきているのです。

オグデンは、次のように理解します――「ロバートの悪臭は、もはや無体験の時期の意味の剥奪された『個人内現実化』ではなく、ロバート内部の汚染された破壊性が、オグデンに伝達され、オグデン自身が汚染された対象と化そうとしている。すなわち、悪臭は、そうした攻撃性の発現である。だが、そこには、ロバートの破壊的汚染をオグデン自身がコンテインできることへの願望も込められているのだ」と。

このような理解がオグデンに訪れることによって、もはやオグデンは、悪臭に振り回されなくなります。ですが、ロバートの精神病的退行はますます進み、ロバートにはオグデンの声の幻聴が聞こえるようになり、さらには頭をちょん切られた人がロバートを付きまとったり、今度はオグデンを付きまとったりするという幻覚を見るようになります。

ロバートは、無体験の世界から、精神病症状という情動の世界の住人として回帰してきたのです。

精神病性転移

この時期には、明らかな精神病性転移が作動します。ロバートは、面接中、震えだし、眼球も上転します。頭を急激にあちこちに動かし、粉々の顔の残像の幻覚を振り払うのに苦しみます。この状況で、オグデンはようやく転移解釈を試みます。なぜなら、転移状況のなかでロバートの精神病状態が作動していることが明らかだったからです。

オグデンは、自分と共にいることがはなはだ怖いことに感じられること、気持を体験するのがとても苦痛であることなどを解釈していきます。この頃になると、このような情緒に触れる解釈がロバートに響くようになり、ロバートは目に見えて穏やかになり、震えは減少し、親密さの気持を体験するようになります。

ですが、その親密性は精神病水準でのそれです。ロバートは、オグデンに対して原初的同一化を表明するようになります。

『あなたの声は私の声に似ている』
『あなたは狂っている？』
『でも、あなたの狂ったおしゃべりは、私ほどは狂っていない』

ロバートは面接の間隔をとても怖がるようになり、一日に五回ぐらいも電話をかけてくるようになります。しかも、ハローさえ言わず、オグデンが話すのを待ち、オグデンが話すと彼の不安は直ちに減少するのでした。同じことが分析中でも繰り返されたのです。オグデンは、その行為に対して、次のように解釈しています。

『ロバートの苦痛を私のこころに移動させ、それらを私が言葉に換えることによって、害のないものとし、狂気から逃れられているのかもしれないね』

ロバートは直ちに『そんなことできるの？』と反応し、**その後、電話でのやりとりは次第にユーモラスになり、ロバートは自らのことをドクター・ジバーゴ**［オグデンの名前のパロディ］**と名乗るようになります。**

しかしその後、再び電話は増加し、ユーモアはなくなり、オグデンに対して侵入的になります。オグデンはこれを、オグデンからの分離への不安と理解し、解釈しています。すなわち、オグデンと離れていることの自覚が苦痛をもたらし、そうなると恨みの気持でいっぱいになる、と。

このようにロバートは、悪臭によって伝えていたこころの内部の汚染された破壊性を、この時期になると、精神病性転移によって、関係性のなかにもち込むことが可能となったのです。しかも、内部の破壊性は、オグデンとの原初的分離への恐怖によってもたらされていたことは注目されてよいでしょう。

正当な怒りの復活　先の時期において、精神病的ではありながらも情緒的意味の世界に舞い降りてきたロバートは、この時期、行動面においても心理面においても、ドラマチックな変化を見せます。すなわち、ことばや興味関心が増大し、面接時間中、以前にはない声音の大きさでずっと話しているのです。オグデンは、この期に及んで初めて、みずからを語る人と一緒にいる感じをもてたと言います。

さらには、ロバートの学習能力は著しく増大し、地方の大学で週五日補習授業を履修するまでになります。そのなかで経験された自己と他者との関係に関して、哀れみ、怒りの感情まで述べるようになります。国民投票のキャンペーンなどの社会活動にも熱心に参加するようになります。

ロバートは自己の内部に力を感じるようになり、みずから望むならば、セラピーから離れることもできると思うようになります。オグデンは一抹の不安を覚えながらも、その不安は精神病的で共生的な関係性から脱しようとする、オグデン自身の分離への不安でもあると理解します。オグデンは、別れの時期が来ることに対して、静かに覚悟を決めるのです。

ロバート自身も、オグデンからの自立と依存の葛藤を体験し、時には依存を否認し、オグデンと別れることに対して『サバサバするぜ』など、躁的防衛を作動させます。

ですが、分離の刺激は、もっとも封印されてきた母親に関する記憶の想起へと導きます。進行性の失明を放置した母親に対して、初めて正当な怒りを覚えるようになり、ロバートは、通りすがりの電話ボックスや街灯を、失明によって使うことになったステッキで叩き壊します。さらには、放置されたことへの怒りは、出発するバスの後部をステッキで激しく叩き、みずからを見捨てた母親、さらには見捨てようとするオグデンに対する怒りを露わにします。

ここに至ってロバートは、母親に見捨てられたことへの怒りを表出し、それは転移的には、オグデンへの怒りなのですが、確実にみずからの攻撃性をこころに収めていくプロセスに入っていったのです。このロバートの怒りは、セラピストに強い「哀しみ」の念を起こさせます。それは、見捨てられた子どもが発するにも発せず、〈無体験〉の時期として自我機能を破壊することによってしか防衛できなかった、母親から見捨てられたことに対する**哀しみの怒り**だからです。

いまやその怒りは、オグデンとのセラピーによって表出され、オグデンとのあいだで弔われたといえるのでしょう。

このセラピーを振り返るにつけ、オグデンがいかにみずからの臨床実感に基づいた《逆転移》によって、患者との関係を営んでいたことがよくわかることでしょう。無体験の時期の発見、悪臭による攻撃性の無意識的な発露の発見、精神病性の原初的同一化の発見、見捨てられたことへの怒りの発見、それらすべてがオグデンの逆転移によって導かれているのです。

まさに臨床とは、臨床実感（本音）に基づかずして何とする、ですね。

オグデンのこのように繊細な臨床実感には、頭が下がるばかりです。

プロセスとしての創造的使用 ［C・ボラス］

現代独立学派のなかでも、クリストファー・ボラスはかなり異色な経歴のもち主です。館によると、[4]ボラスは、精神分析家でありながらも英文学で教鞭をとっていたこともあり、さらには小説や戯曲ものし、画業にまで勤しむ芸術家でもあります。

このように芸術的に素養の豊かなボラスは、精神分析を語るときも、常に創造的な姿勢を崩さず、彼特有の概念も多く産出させています。文体は時に文学的・詩的であり、芸術家としての横顔を覗かせています。さらには「転移-逆転移が起こっているあいだにともに狂っていく」と言うに及んでは、C・ボラスは英国対象関係論の伝説であるロナルド・レインを彷彿とさせるような、[5]エキセントリックな分析家に違いない、という印象をもたれる向きもあることでしょう。

ですが、私見では、ボラスは良い意味での常識人であり、分析の枠外には飛び出してしまわない分析家です。その証拠に、彼の打ち出す「変形性対象」「未思考の知」などの概念も、それぞれビオンの「コンテイニング」「考えられない考え」を継承した概念であり、ボラスはきちんと精神分析の伝統を踏まえているのです。したがって、ボラスは正当派の分析家なのですが、そこに詩人の魂が独自の表現を求めたといえるのでしょう。

ボラスの精神分析デビュー作から、彼の〝こころの使い方〟を見ていきましょう。[6]

プロセスとしての関係性

ボラスは、セラピストと患者との関係性を、固定したものではなくて、プロセスとして見ていく観点をことさら強調しました。それが、「変形性対象」という概念です。

変形性対象とは、母子関係において、母親は対象としてスタティックに存在しているというよりも、乳児の体験を変形させるプロセスとして存在している、という意味です。これは、容易に想像されるように、ビオンの「コンテイニング」概念を連想させます。ほとんど言ってい る意味としては同じなのですが、ボラスは母親という存在が、乳児との関わりのなかで、時間経過とともに果たしていく成長促進的なプロセスの側面を強調したかったのだと思われます。

同様に、セラピスト自身も分析プロセスのなかでは、患者と同様に対象化されるべき「対象としての自己」であり、セラピーの経過のなかで変形していく「もう一人の患者」だと言います。したがって、患者と共に進行するセラピーのなかでは、セラピスト自身もアイデンティティを喪失するほどの「変形」を被る必要があり、それは時として「転移‐逆転移が起こっているあいだに共に狂っていく」ほどの破壊力をもつのだ、とボラスは言います――「重篤な患者の場合、多かれ少なかれセラピストは病気になる」と。

このように分析プロセスを、患者もセラピストもともに「変形」を被り、ともに対象化されながらも、分析の両輪を担っていくものとしたら、そこにおいてセラピストの解釈は、限りなく主観性に彩られたものとなることでしょう。ですが、ボラスはそのことこそ重要だと念を押すのです。

「分析家が主観的体験に責任をもって快適に根付いていることから患者は利益を得るのである」――分析家は、分析プロセスのなかで、生き生きとした主観的体験を営み、その主観的体験じたいを対象化して分析の素材に含めるのです。

では、主観的体験（すなわち逆転移）を、ボラスはどのように使用しようというのでしょうか。ここまでの論調では、ボラスはいかにも規格外のことを言い出しそうなのですが、さにあらず、彼は分析の王道のなかに首尾よくみずからの論を回収していくのです。

未思考の知

ところで、広義の《逆転移》を患者からの無意識的コミュニケーションとして、患者理解のための認識の用に供するという点では、対象関係論学派のなかでは、ほぼ意見の一致をみるところかと思われます。ですが、逆転移を〝どのように使用するか〟に関しては、意見の分かれるところでしょう。

とりわけ逆転移の表出的使用に関して、クライン派と独立学派ではおおむね意見を異にします。すなわち、クライン派では表出的使用に関しては反対であり、独立学派では是とする立場が多いように思われます。

この問題に関してボラスは、逆転移を「間接的使用」と「直接的使用」のふたつに分け、整理しました。これがなかなか折衷的で、ボラスのバランス感覚の良さを示しているように思われるのですね。

まず「間接的」使用に関してですが、こちらは、どの学派でも用いているのではないでしょうか。すなわち、分析家の主観的体験を用い、患者のこころの状態を推測するのですが、あくまでも患者のこころの状態に焦点を当てて分析家が解釈するのです。たとえば『あなたが言おうとしているのは……のように思います』『私が感じるところでは、あなたは……のように、私について感じているように思います』などです。ここでは、分析家の解釈は、患者の内的世界に照準が絞られています。

もう一方で、ボラスは「直接的」使用として、分析家自身の気持や考えの直接的表出を考えています。すなわち『私はいまあなたとの関係で……のように感じています』『私が考えているのは……のようなことです』など、こちらは、分析家自身が患者の転移対象としてどう感じているかの直接的な表明となります。

もっともボラスは、直接的使用には慎重さが必要であり、分析家自身のいたずらな自己開示になってはならないと、留保つきの使用を説いています。

では、実際にボラスは、どのように逆転移の「直接的」使用をおこなっているのでしょうか。簡単な臨床素材として、二十代半ばの女性ヘレンを見ていきましょう。

ヘレンがどのような事情でボラスの分析を受けだしたのかは不明ですが、母子関係に何か問題を抱えている女性のようです。ボラスは彼女との分析の断片を次のようにとりあげています。

ヘレンは、分析の途中で不自然に話を止め、時には数分に及ぶ長い休止を取り、何事もなかったかのように再び話し始めます。具体的には、友人に会いに行くなどの状況を描写し始め、途中で話を止めてしまうのです。ボラスは最初、分析に対する初期不安が起きていると考えたり、以前の分析家が解釈をよくするスタイルだったので、解釈を待つための休止であると考えたりします。それで、それらを解釈していったのですが、ヘレンは同意するものの、まったく状況は変化しなかったのです。

そのうち次第にボラス自身が、ヘレンのこの突然の休止に対して苛立ちを募らせます。ボラスは混乱します。しかも、数ヵ月が経つうちに彼は、自分がこの混乱から立ち直り再び耳を傾ける体制になる数秒前に、ヘレンが話を再開し出すことに気づきます。ボラスは、分析に対するこの不明瞭な抵抗の在り方に、眠気を覚えます。

数ヵ月後、ボラスは彼自身の主観的体験をもとにして解釈します。すなわち、この分析状況において体験されている彼の逆転移は、患者の幼児期の母子関係に由来すると考えたのです。およそ以下のようなことを、ボラスは伝えます。

「彼女の長い沈黙が、私を奇妙な状況に置くこと。そのため時に彼女の軌跡を見失うが、それはまるで私が体験するようにと、ある種の不在を彼女が作り出しているように思える」

「彼女が何の予告もなく姿を消し、さらに再び現れるように見える」

ヘレンは、ボラスのこの解釈を聞き、すぐにホッとして、『この癖にずいぶん前から気づいていたが、不安によって引き起こされているのではないので、自分では理解できなかった。いつこの癖から抜けられるかわからなかったので、絶望をよく感じていた』と応えます。

このあとは、ヘレンの幼少期の母子関係の理解へと進みます。すなわち、ボラスがヘレンの沈黙を苛立たせられる侵襲と体験したように、ヘレン自身も母親に関わってもらえず、それがヘレンには「関わらない」ことによる侵襲と体験されていたことが実感されていったのです。

ただし、ここで重要なのは、ヘレンの治療経過ではありません。ボラスの〝逆転移の使用〟の仕方です。ボラスはここでいわゆる逆転移の「直接的」使用をおこなっています。ボラスみずからが、みずからの主観的体験を語るといったやりかたで逆転移を伝えているのです。ですが、ボラスの逆転移の伝え方には特徴があります。それは彼が〈未思考の知〉と概念化しているやり方です。

〈未思考の知〉とは、思考されてはいるが、いまだ主観的状態に留まったままの思考を指します。ボラスは、逆転移とは、主観的な思考であり、むしろその種の思考を積極的にセラピーに生かそうとしているのですね。ですから、ボラスはヘレンに対しても、「ある種の不在を彼女が作り出しているように思える」、「何の予告もなく姿を消し、さらに再び現れるように見える」など、いわば曖昧でぼんやりとした主観的体験をセラピーの俎上に載せています。

ここにボラスの、プロセス志向の分析の特徴がよく表れているのです。ボラスの逆転移の使用とは、それがたとえ直接的使用であったとしても、それは「答え」ではありません。さらにいえば「解釈」ですらないのです。あくまでも逆転移は〈未思考の知〉であり、患者と分析家とのあいだでの検討素材であり、プロセス化され、絶えず発見され、刻々と更新され、新たな意味が創造されていくものだからです。

創造とはプロセスであるという〝逆転移の使用〟が、ここに見てとれるのです。

独立学派の精鋭たち

独立学派には他にも、創造性を重んじる分析家の例に事欠きません。ここでは幾人かをとりあげ、私たちの心理臨床の創造性の刺激にしたいと思います。

まずは、ネヴィル・シミントンです。彼はW・R・ビオンから多大な影響を受けていて、みずからの考えを説明するために、ビオン晩年のセミナー録[7]から題材を引用しています。

ビオンは晩年、南米などによく講演旅行に呼ばれていたのですが、そこでフロアの臨床家からケースに関する質問を受けました。そのケースは、複数の男性に性欲を抱き、不倫もしているのですが、彼女は自分が「売女」ではないかと、とても不安になったというのです。

質問者としては、その彼女の訴えに対してどのように理解し関わったらいいのか、ビオンにヒントを求めたのですね。それに対して、ビオンは次のように返答します――『なぜ売女ではいけないのでしょうか。あるいは、売春婦ではいけないのでしょうか。そうでないと何が困るのでしょうか。彼女は、売春婦あるいは売女と呼ばれたがっているのでしょうか』と。質問者は、ビオンの謎かけ問答のような返答に困惑し、『さて、あなたは何を言いたいのでしょうか?』と、ことばに窮してしまいます。ビオンはそれに対して『その患者には「思考の自由を制限したい」という願望があるということなのです』と言って、やり取りを終えています。

シミントンは、この一連のやりとりに痛く感じ入ったのです。というのも、彼自身もこのケースと同様に、強迫的にセラピストをコントロールしてくる患者と面接しており、このくだりを読んだことが、患者の支配性に気づき、内的自由を確保できるきっかけになったからなのです。シミントンは、分析家自身がこころの自由を確保する営みを「X現象」という呼び名で概念化し、分析家が自由にこころのなかで思考し経験することの重要性を強調しています。[8]

確かに私たちは、「患者の期待に応えよう」として、あるいは「患者を傷つけまい」として、とかくセラピストとしての**こころの自由**を失いがちになります。ですが、そこにこそ患者からの「病理的対象関係」への誘いもあるのです。たとえ、病理的対象関係に絡めとられることはあったとしても、もう一方では思考の自由さを確保し、きちんと起きている現象を俯瞰していく必要があるのです。

シミントンの主張は、独立学派らしい「分析家の内的自由」を強調したものと言えるでしょう。

次にとりあげるのは、マーガレット・リトルです。彼女は、列記とした訓練分析家ですが、ドナルド・W・ウィニコットの患者でもあった人であり、その治療記録に関して詳しく書かれたものがあります。[9] それを見ると、境界例の患者かと見間違うほどのストーミーな治療関係が、ウィニコットとのあいだに展開しており、このような分析家も世のなかにはいるのだと、ひどく驚かされます。

そのストーミーさをもたらしたのは、「組織的な退行を許容する」D・W・ウィニコットの技法による部分も大きいと思われますが、もう一方では、ウィニコットの「逆転移を自由に語る」関わりによる部分も大きいように思われます。このストーミーな治療関係は、リトルに分析家としての大きな視点を提供しました。前者の組織的退行の経験からは、発達最早期の母子未分化な状態を治療のなかで再体験するようなセラピー論が生まれ、後者の逆転移の経験からは、転移と逆転移が区分できないほどの等価な関係性の意義が見出されたように思われます。

M・リトルは言います――「境界精神病患者の分析治療をおこなっているとき、私は、境界精神病のようにだけではなくて、境界精神病として、つまり私自身の精神病領域を用いて、考えなければならないのです」と。すなわちリトルは、プレ・エディパールな症例においては、「原初なる一」[10] にまで退行するようなセラピーが必要となるのであり、そうした自他未分化な関係性においては、分析家も精神病性転移‐逆転移の渦に呑み込まれながら、なおかつ考え続けなければならない、と言っているのです。

こうしたセラピー論を唱えるリトルが「逆転移の開示」を重視するのは、至極当然のところでしょう。なぜなら、セラピーでは、どちらがセラピストであり患者であるというような分離はなくなり、限りなく等価な関係性に近づくからです。彼女は次のように述べています――「分析家の感情は、そのものとして、生じたときには（いつでもではありませんが）、ある程度、実際に、直截に、表現される必要があります」と。

リトルは「分析家が患者との関係のなかで、みずからの感情を抑制したり、偽りの感情をもったりすることは、役に立たないどころか非人間的なことでもある」と言います。分析家が感情を抑制していたのでは、感情表現は、子どもや患者にだけ許され、「正常な」（あるいは大人の）世界では禁止されているという印象を患者に与えてしまうからだ、と言うのです。

リトルの主張は、C・ボラスの逆転移の「直接的開示」と軌を一にするものでしょう。独立学派ならではの、関係性の等価性、セラピストの内的自由、さらには逆転移の開示に基づく関係性の透明性を重視する姿勢が、やや過激な言表とともに、そこには見られます。

さて、最後にニナ・コルタートをとりあげましょう。彼女は多作な分析家ではないですが、とても印象深い臨床論文を提出しています。[11]

患者は五十代半ばの男性です。精力的でカリスマ的な会社社長でしたが、独身で、性的経験がありませんでした。とても社交的でしたが、本当に親しい友人はいません。自殺の危険のある抑うつの訴えで、セラピーは開始されました。

分析の最初の二年間は多くのやりとりがなされ、種々の改善が見られました。ですが、コルタートは、改善の奥で「何か違ったもの」が力をもち始めていると感じます。分析三年目になると、患者は突然、話すのを止め、暴力的とも言えるような沈黙に入りました。その沈黙は、憎しみと絶望の強力な暗い波のようでした。コルタートは長年の経験のなかから、さまざまな技法を駆使しましたが、まったく効果はありません。

患者の沈黙はますます不気味さを増し、彼が彼女を見つめる眼差は、陰険で、悪魔のように恐ろしくも感じられました。患者は、背中を丸めウロウロと階段を上下したり、部屋のなかをうろついたりしました。コルタートは患者の暗く重い投影同一化に晒され、すっかり絶望しきってしまったのです。

その局面で、突然、コルタートは叫んでしまいました――『一秒たりとも、それに我慢できない』と。患者からの殺人的攻撃性に対して、彼女は怒りで一杯になり、我慢の限界を超えたのですね。コルタートはみずからの行動化に関して、先ほどのN・シミントンの〈X現象〉と同じことが自分の身に起きたと理解しています。すなわち、患者の投影同一化の支配から、分析家としての内的自由を確保するための行動化という意味あいです。

その後の展開で、患者は母親に対して根源的憎しみをもっていたことが明らかになります。患者は母親から、常に惜しみなく尊敬することを求められ、支配されてきたのです。ですから、患者のこころの奥には母親に対する憎しみが「野獣」のように育ち、コルタートとの分析空間を「身を屈めて」歩いていたのですね。

コルタートは、本来、母親に向けられてしかるべきだった「野獣の怒り」のターゲットになったのでしょう。彼女の『我慢できない』という叫びは、本来、患者が母親から押し付けられた「我慢のできなさ」でもあったわけですね。

ですが、コルタートはなにも分析家側の「内的自由の確保」にばかり、こだわっているわけではありません。「野獣の怒り」をともに体験し、耐える関わりを積み重ねた結果としての、自由の叫びだったわけです。ですから、それが患者の耐え忍んできた生育からの自由の叫びにもなりえたわけです。

こうして独立学派の精鋭たちは、逆転移の開示などを通して関係性に真摯に向き合い、〈X現象〉に象徴される「可能性空間」を確保するなかで、期せずして生まれてくる創造的な赤ん坊の到来を待ち望んでいるのです。

終章　ことの顛末——臨床素材の行く末

さて、ここまで、東西の分析的臨床家たちのこころの使い方を見てきました。

こころの使い方、すなわち逆転移の使用に関しては、千差万別と言ってもよいでしょう。対象関係論のなかでも、クライン派と独立学派の大枠としての違い、さらに細かく見れば、臨床家の生育やパーソナリティなど、さまざまな要因が輻輳的に共鳴し合い、逆転移の使用の仕方が決まってくるのです。

特に日常臨床においては、逆転移から転移を理解し、転移解釈をおこなうというような、直線的な使用の仕方では、多様な病態や臨床の現場の要請に応えられません。そこには臨床現場の環境や患者の自我の強度によって、工夫が凝らされるところです。私は内的マネージメントという概念を提出し、自我サポートの手法をいくつか提示しましたが[1,2]、ほかにも分析系では「メンタライゼーション」という技法がとても参考になると思います[3]。両者とも、「いまここ」での関係性を重視しながらも、直接、転移解釈に結び付けるばかりでなく、関係性じたいをセラピーのなかで検討し、自己と他者との関係を知る道を切り開こうとするものです。

このように、逆転移をどのように技法的に活かすかという問題にはさまざまな考え方がありますが、逆転移をセラピストの主観的な体験から理解していこうとする方向性では、分析サークルのなかではおよそ一致しているところでしょう。

それでは本書の最後に、第一章でとりあげた事例のその後をとりあげましょう。

創作事例ではありますが、私の臨床体験に根差した事例です。同じセラピストでも、患者によって逆転移のあり様がこんなにも違い、それがどのように患者の内的世界を反映していたものか、その結果どのような治療的展開が訪れたのか、ご理解いただければと思います。

ケースA 他者性の存在しない世界――分離を許されぬ怒りの逆転移

怒りの逆転移から憐憫の情へ

Ａは、私が彼女の要求に渋々応じて、彼女の問題を発達特性としてやんわり説明したところ、『わたしを障害者扱いするのか』と激怒し、私を責め立てました。それに対して私も、思わず腹を立て、『あなたが説明を求めたから答えたんでしょう』と声を荒げてしまいました。Ａは席を蹴立てて面接室を出ていき、私は自分が怒りの逆転移による行動化をしでかしたことを思い知ったのです。

ここまでが本書の第Ⅰ部で述べたところですが、結局のところＡは翌週もキャンセルせずに面接にやって来ました。それで相変わらず『カウンセラーが怒っていいのか』『カウンセラーとして失格だ』と、私を責め立てました。

私は、当初は、しつこい喧嘩を売りつけられたような気になっていましたが、そのうちにだんだんと、なにやらこのやりとりが可笑しくなってきました。すなわち、小さい子どもが、親の悪さに対してむきになって食らいついているような印象を受けたのです。それで『カウンセラーだって怒るよ』『あなたはカウンセラーが怒らないように思っていたんだ、そりゃ不思議だね』など、余裕をもって答える気持が生まれました。

それでもAの追撃の手は弱まらなかったのですが、そのうち私は、外の世界でも私とのあいだと同じようにトラブルをつぎつぎに引き起こすAに対して、憐れみを感じるようになってきたのですね。どこに行ってもトラブルの連続で、「この人の人生において、心安らぐひと時があるのだろうか」と、かわいそうになったのです。それでそのことをAに聞いてみました。その返答に私は驚かされました。

『夜にベランダから星を見るのが好き』――Aは、夜に星を見たり、夜中に一人車で海辺に出かけ、波の音を聞いていたりするのが好きだったのです。それがこころを落ち着かせるひと時なのだと言いました。

『あなたには、夜の星のきらきらした輝きに通じる、こころの純粋さがあるから、夜の星が好きなんでしょうね』――私はいささかこころ動かされながら、こんなことを伝えました。まるで口説き文句のようなクサい台詞かもしれませんが、こう伝えたくなったのですね。

Aは、私のポジティブなフィードバックに対して、『純粋っていうことは、バカっていうことか、先生は私のことをバカだと言いたいのか』と、またしても頓珍漢な文脈で食って掛かってきました。私は内心、「本当にこの人はどうしようもないバカだな」と思いながらも、このときにはすでに、出来の悪い子どもほどかわいいという心境に陥っていたのです。

その後、Ａは事あるごとに『純粋って、どういう意味ですか』と、半ば疑いの眼差しを向けながらも、私に尋ねてきました。私は、Ａにはごまかしなく人の助けになろうとする気持があることや、人に対して分け隔てなく接することなどを例に挙げながら、純粋さを説明していきました。Ａは次第に「純粋な自分」という形容句が気に入っていったのです――「自分はバカだけど、明るくよくしゃべる」「損得なしに人を助けてあげることができる」。

他者性の存在しない世界

「純粋な自分」という肯定的自己像が内在化されるにつれ、Ａの私に対する陽性転移も発展していきました――『いつも面接が終わるときに長くなって、さらっと部屋を出ていけない。別に先生のことが好きじゃないんだけど、別れがたい気持がするから、長くなってしまう』。

また最近は、いじめられていた頃の夢は見なくなって、セラピストの夢をよく見るようになったと言いました――『塾か何かに通っていて、これからカウンセリングだということで先生の家に行った。そうしたら清楚な感じの奥さんと子どもさんが三人いて、先生のカウンセリングに入る前に、奥さんとしゃべっていたらずっと話し続けてしまって、そうしたら先生がいつまでそこでしゃべっているの、早くこちらにきなさいと言って目が覚めた。夢って意味があると思うから、私は先生のような人と結婚したいんだと思っていたら、最近は先生を通り越して、夢のなかに韓流スターがいっぱい出てくるようになった』。

自閉スペクトラム症も、情動や関係性の安定の如何によって、象徴的な夢を見たり、内省力が高まったりなど、ずいぶんと感覚や体験のあり様が変わるものだということも初めて知りました。Ａの匂いや音の敏感さやそれがもたらす身体症状も、この頃にはかなり落ち着いたのです。

ここにおいてＡは、私に対して、いわゆる陽性転移を発展させたのです。ですが、それはパーソナリティ障害の人たちとは、私の受ける感覚には違うものがありました。**重くない**のです。それには彼女の子どもっぽさが手伝っていたのかもしれませんが、そればかりとは言えないように思われました。すなわち、情緒的に私の方にぐっと迫ってくるような、パーソナリティ障害特有の迫力がないのです。しつこさやくどさはあるものの、よい乳房を求めようとする**貪欲さがない**のです。

このことと、彼女の世界に〝他なるものが存在しない〟こととは、関連があるようにも思われました。彼女は言いました――『私は気持よく話しているのに、どうして相手は気持よくないの？』

この発言が出た背景としては、彼女は、情緒が安定するにつれ、人との関係について考えることも可能になったからです。それまでは一方的に話し続け、相手が辟易することに気づきもしなかったのですが、ようやく彼女は人との関係を考えることの緒に就いたのですね。「自分が気持よければ、相手も気持いい」――彼女の世界には、自分とは違った他者が存在していなかったのです。

その後も彼女は、〝他者性が成立しない〟ところからくる、人との食い違いによく怒りました。

散歩仲間程度の人に、ズケズケとプライベートに関する質問を繰り返し、相手から敬遠されると、彼女はそのたびに憤慨するのです。

Aは、人と自分の違いを、頭では理解できるようになったのですが、基本的には「違い」や「分離」に激しく反応しました。彼女は愛着をどん欲に求めるというよりも、「表層的な一体感の裂け目」に対して怒りを以て反応するような特徴の人でした。「違い」や「分離」は、元来、象徴化された繋がり（愛着）によって架橋されるべきところですが、それが発達特性の強い人には、なかなかハードルの高い目標でもあります。少なくともAには、人との関係での愛着よりも、海や星のような自然に対する愛着の方が、馴染みやすかったのです。

話戻れば、私の怒りの逆転移――『あなたが説明を求めたから答えたんでしょう』は、まさにAの分離のない世界のカウンターパートとしての怒りと考えることもできるでしょう。

私が彼女に伝えた「発達特性」という用語は、あまりにも彼女の世界には馴染のない「他なるもの」だったのです。その違和感に彼女は怒り、『あなたが説明を求めたから答えた』という私の抗弁も、「私は違ったことは言っていない」といった、「違い」を巡る応酬だったと言ってもよいでしょう。

ここではAも私も「違い」をもて余し、お互いが怒りを以て反応したのです。

このように自閉圏では、そこにあってしかるべき分離の空間は許されず、セラピストのこころをも狭めてしまうのかもしれません。分離を突き付けられて怒る患者と分離を許容されず怒るセラピストの組み合わせとなるのです。

私の怒りの逆転移は、彼女の〝違いのない世界〟――それは願望というよりも、彼女の内的世界では当然視された世界――のカウンターパートとして、彼女の病理やセラピーの核心を先取していたと言えるのかもしれません。

ケースB

迫害的相貌の世界――怖れおののいた逆転移

追い詰められた逆転移から不気味さへ

Bの突然の問いかけ――『僕ってキモいですか』に、私は不意打ちを食らい、困った果てに、『キモいというよりも、周りを寄せ付けない印象は与えるかもね』と、苦し紛れの答弁を絞り出したのです。さらには、髪をまとめたり、背筋を伸ばしたりなどのアドバイスも、私は付け加えました。それらは、ことばじたいとしては、決して不適切なものではなかったかもしれませんが、Bの不意打ちに対する私の「焦り」から出た発言だったことも確かでした。なぜなら、実際にBはキモかったからです。私は、扱い難いBの「キモさ」を急場しのぎで「処置」しようとしたのです。

結局のところBは、直接その場では不満を表さなかったものの、あとで主治医に対しては、「もっと優しい先生の方がいい」と、カウンセラーの交代を求めたのです。そのことじたいをカウンセラーと直接話し合った方がいい、という主治医の適切な対応のおかげで、面接はひとまず継続となりました。

次の回に、緊張した面持ちで現れたBに対して、私の方から先回のアドバイスがBにとってはきつく感じられたのではないかと、話題にもち出しました。Bはもはやそのことには触れたがりませんでした。その代わりふたたび、教室内での居心地の悪さ、後ろから聞こえる悪口の話題に話は戻りました。

沈黙も多く、気づまりさが続くなか、ふと私はBの様子を見ると、前髪を分け、顔が見やすくなっていることに気づきました。

『顔が見えやすくなったね』『先生にそう言われたから、一応やってみた』

私は意外にもBに素直さがあることに勇気づけられました。私のアドバイスが彼のこころに届いた面もあったんだと、私の気も幾分、楽になりました。そのおかげで、場の雰囲気もいささか軽くなったのです――『学校で放課の時間など、どう過ごしているのかな?』私は気楽さも手伝って、学校での話題をもち出すことができました。

意外なことにBは、「グロい」アニメや漫画が好きだったのです。当時、漫画やアニメは生々しくもグロテスクな描写が流行り出し、彼は人が襲われたり、首がはねられたり、血肉が飛び散ったりする絵が好きなのでした。彼は授業の合間に、机に突っ伏しながらも、スマホでそれらの光景を見ていたりするので、その姿がさらに気持悪がられたりしたのでした。

結局のところBは、普通高校での居心地に耐えられず、年度の代わりに通信高校に転出しました。その選択は、彼にとっては被害感を軽減するものでしたが、同時に、家での引きこもり生活を保証することにもなりました。Ｂは、両親が平日に仕事で不在のなか、ネットサーフィンで「グロい」世界の探索に励んだのです。

Ｂの好みの世界は次第に、アニメの劇画から絵画の世界にも及びました。彼はあくまでも人物像にこだわっていたのです。劇画の生々しい殺戮シーンから、グロテスクにデフォルメされた人物の顔、内臓の飛び出た身体など、おどろおどろしい作品群でした。

私は、彼の差し出すスマホの画像に、思わず顔をしかめました。と同時に、私は彼のことを不気味に感じ、怖くなったのです――「こんなおどろおどろしい世界が好きとは、攻撃性が凄まじいな……」と。私は、Ｂの攻撃性の凄まじさに内心おののきました。それと共に、それが外界に投影され、おそらくは迫害的な世界を現出させている病態に、精神病的破綻の危機も覚えました。

私にとってはＢのことが、単に「キモい」印象から、恐ろしいほど不気味な存在に「格上げ」されたのです。

排出された迫害的で不気味な世界

Ｂはその後、引きこもり生活のなか、ネットサーフィンで「グロい」世界を探索するばかりでなく、自分でも無料ソフトを使い、デジタル描画をするようになりました。その描画は、最初はネット上の「グロい」作品を模倣したものでしたが、次第に彼は、みずからのオリジナル作品を描くようになっていったのです。

その作風はいかにも奇妙なものでした。植物の枝葉が人間の手のようにニョキニョキと伸び、その先が顔になっていたりするのです。彼はあくまでも顔にこだわりがあるようでした。おそらく奇妙な人間の顔は、彼のことを「キモい」と囁く迫害者の象徴だったのです。もう一方で彼は、血塗られて切り刻まれたり、内臓が飛び出たりする人物像を描きました。なかでも、アニメ調の少女がそれらの被虐的な装いを纏いました。

彼はネット上で同好の士を見つけ、SNS上でのやりとりも増えていきました。彼はサド・マゾヒスティックな世界の耽溺者となっていったのです。私は当初は、彼の生々しくもグロい世界にとてもついてはいけない気持がしていたのですが、そのうちに彼の提示する描画に次第に慣れていきました。当時の流行りのアニメや劇画のタッチと似ていたからです。ですが、彼の描く内容は、それらの劇画よりもずっとシュールでした。

『美しい……』Bは私にデジタル描画を見せながら、ぼそりと呟きました。『美しいの?』と、思わず私はオウム返しに聞き返しました。Bはかぶりを振り、慌てたように自分の発言を取り消そうとしました。「そうか、美しいのか……」——私は、Bが「グロい」絵のなかに見出している魅力が少しわかったような気がして、こころのなかでひとりごちたのです。

その後、BはSNS上で交流を広げ、同好の士の集まるオフ会にも参加するようになりました。そのため、ときどき上京するようにもなったのです。

時にBは、オフ会後、取り乱して面接にやってきました。彼にしては珍しく、涙を流さんばかりに、『もう駄目だ』と言って、駆け込むようにやってきたのです。彼が感情を露わにするのは珍しいことでした。事情を聴くと、どうやらオフ会で、その雰囲気に全く馴染めず、またもや「キモい」という囁きが聞こえたのでした。ですが、彼の絵じたいは評価されたようで、そのことを面接のなかで冷静に振り返ると、Ｂは気持を比較的速やかにもち直しました。

結局のところ、オフ会は彼の刺激となり、同好の士からも大いに影響を受け、Ｂは高卒後、上京して美大を目指すことを決意したのです。

そんなあるとき、Ｂは自作のデジタル描画を私に見せながら、再びくだんの質問を繰り返してきました。

『キモいですか?』

『キモいね』私は端的に答えました。

私たちは、お互い顔を見合わせ、苦笑いとも何とも言えない表情を交わし合ったのです。

『先生、僕は理由はわからないんですけど、キモい世界が好きなんです。イッちゃってるんです』

『確かにイッちゃってるね』私は笑いながら答えました。

私たちのあいだで、面接初期にはとても取り扱えなかった「キモさ」は、私たちの前に立ちはだかる「迫害的化け物」から、私たちのあいだで共有され、Ｂの内面に棲み処を見出す「耽美的妖怪」へと姿を変えていったのです。

この頃になると私も、彼の描くサド・マゾヒスティックで血塗られた描画の耽美性がわかるような気がしていました。「グロさ」「キモさ」の奥にある「悲劇性の美しさ」とでも言ったらいいのでしょうか。彼の影響を受け、だいぶ私の頭も「イッちゃってる」状態になったのかもしれません。

こうして彼の破壊衝動は、外界への投影から内在化へと道を譲り、ひとまず精神病的な機制は遠のいたと言えるでしょう。

ですが、人のこころです。そんなに単純なものでもありません。彼の置かれた状況次第では、「耽美的妖怪」はいつでも「迫害的化け物」へと舞い戻ることでしょう。しかもそればかりでなく、彼のなかの**破壊性**は、空想の域に留まらず、現実へのおぞましい行動へと移される危険性さえあるのです。

ひとまず破壊性をこころに収め、芸術による昇華の道に拓かれた彼の行く末は、上京して旅立ったその後に任されることになりました。

翻って見れば、『僕ってキモいですか?』の問いに追い詰められた私の逆転移は、「キモさ」が私にも迫害的に迫り、何とかして排除しなければならない「化け物」としてキャッチされたからでしょう。ですが、その後の経過で明らかなように、「キモさ」は、Bのなかの自己を構成する「耽美性」にも繋がっていたのです。

私たちセラピストや支援者は、とかく患者や利用者にネガティブなイメージを冠するのをことさら避けようとします。「キモい」などと表現することは、ほとんど禁忌のように扱われます。しかし、ネガティブのなかにこそ、あるいはネガティブな繋がりのなかにこそ〝共有されうる絆〟も生まれうることを、Bは教えてくれたのです。

ケースC

可憐さの裏に潜むマゾヒズム――苛立ち焦らされた逆転移

小休止…再び苛立ちの復活へ

笑顔の愛らしい可憐なCが『先生に言っていないことがある』と言って以来、私はCの隠された秘密をさまざまに思い巡らせ、前のめりの気持になりました。しかし、Cは『それはもういい』と言って、打ち明けることを引っ込めてしまったのです。私は第一に、Cの家庭に母親の男がよく転がり込んでくることが気になりました。Cの身に性的虐待でも起きているのではないか、と疑ったのです。しかし、Cは何も話してくれませんでした。私は、過剰に心配症の母親同様に、Cに対して苛立ちながら心配しだしたのです。

一方でCは、理由のわからない疲れや、前夜の過食嘔吐後の憂鬱感などから、ときどきは学校を休むものの、登校すれば、元気に明るく、カースト・トップの地位を維持していました。

Cとの面接は、ふたたび表面的なやりとりに舞い戻りました。私はその表面性に苛立ちながらも、為すすべもなく、家での様子や学校での様子、相変わらずの過食嘔吐などの症状の話に、付き合わされる格好になりました。ですが、Cの愛らしさゆえ、その小休止のような凪の面接もさほど苦にはなるものではありませんでした。

結局のところCは高校を卒業し、経済事情から進学はかなわず、都会で働くために旅立ちました。面接は終わりを告げました。このまま再開しなければ、私にとっては、「こんな子もいたなぁ」くらいで、記憶の彼方に消え去っていったのかもしれません。

三年後、Cは突然、私の前に姿を現しました。主治医から、以前に心理面接を受けていた女性が再開希望で来院したと紹介されたのです。ですが、私は、最初目の前にいる女性がCだとは気づきませんでした。私の前には、大人びて美形の女性が物憂げな表情を浮かべて立っていたからです。以前の愛らしい笑顔は陰を潜め、物憂げさが取って代わっていたのです。私は、その変化に、この三年間のCの苦労が偲ばれる思いがしました。

事情を聴くと、都会から地元に戻り、いまはある男性と一緒に暮らしているが、その男性の気性が激しくて、疲れ果てているとのことでした。男性はとても才能のある、ある芸術家で、一日に何百万円も稼ぐこともあるとのことでした。生活は華美で、なに不自由のない暮らしぶりなものの、男性は嫉妬深く、夜中興奮してCの行動を責め立てるので、Cは男性が自傷行為に走るのを必死に押さえつけて止めなければいけなくなる、と言いました。

私は、話を聞いていて、軽い苛立ちを覚えました。「そんな男なら別れればいいのに。彼女ならいくらでも、いい男と付き合えるのに。なぜ別れないんだろう」と思ったからでした。と同時に、私は、この「苛立ち」が馴染みのものであることを鮮明に思い出しました。以前にもC

とのあいだで経験した苛立ちだからでした。私は、Cとの面接のその後に、嫌な予感がしたのです。

マゾヒズムの攻撃性

Cは美容関係の仕事に就き、社会適応は保たれているものの、抑うつや過食嘔吐はひどくなっていました。男性とのあいだでひと悶着が起きると、男性が寝静まった後、Cは激しく過食し、「怒りをぶつけるように」吐いているのだと言いました。Cには、過食嘔吐の意味がすでにわかっているように思われました。ですが、Cはそれが止められないと言いました。

私が、ストレスの元となっている男性との関係を清算しない理由を聞くと、Cは、別れを切り出したら、男性が死を選ぶかもしれないので、怖くて別れられないと言いました。『では、あなたは男性のために、いまの関係を我慢してずっと続けようと考えているのでしょうか？』と直面化すると、Cは『先生に問い詰められるようで怖い』と答えました。

すでにCと私とのあいだには、男性との関係と同じように、否応なく「問い詰め‐問い詰められる」関係が築かれだし、私は苛立ちました。が同時に、どうにもその無限ループから抜け出せないようにも感じられたのです。そこには無力感も加味されました。

そんなあるとき、Cは首から鎖の垂れた犬の首輪のようなものを付け、面接にやってきました。受付の看護師たちも『Cさん、首輪のようなものつけているよ』と驚いて、私にわざわざ報告に来たほどです。

それは、実際には犬の首輪ではなく、おしゃれな首輪様の装身具でしたが、明らかに何らかのメッセージ性がありました。ですが、Cは面接中目に涙を浮かべるばかりで、ほとんど何も語ろうとしないのです。

私は苛立ちました。きちんと語ってほしいと思っても、私が質問をしたりすれば、Cを問い詰めることになり、そこには男性と同じ関係性が現出してしまうからです。男性との関係の反復にならないようにと切に願いながらも、蟻地獄に引きずり込まれるようにして、反復した関係に陥ってしまうことに、私は真に苛立っていたのです。

『あなたの首輪の意味は、あなたが男性に支配されているし、ひょっとしたら、サドマゾ的な性的プレイを強いられていることを、私に伝えたいということではないんですか？』――Cは、渋々それに応え、実は男性の性的サディズムが次第にエスカレートしているのだと言いました。私は、彼女を不憫に感じるというよりも、彼女が男性のもとから離れないことにますます苛立ちの念を強く覚えました。

その後、この男性との関係は、Cが中学生の頃から実は母親の男から性的被害を受けていたことの反復であることもわかってきました。当時『先生に言っていないことがある』と言ったのは、まさにそのことだったのです。Cは、それが公になったら家計が成り立たなくなるし、何よりも家にいられなくなるのを怖れて、結局、口を噤んでしまったのだと言いました。母親自身も、見て見ぬふりをして、生活を守っていたのだろう、とCは語りました。

いままたCは、同じ運命を繰り返し、男の犠牲になる道を選んでいるのです。Cは、何度もひどい仕打ちを受けながらも、結局のところ男のところに舞い戻り、いまでは仕事も辞めてしまいました。

『わたしには、性風俗のような仕事の方が似合っているかもしれない。この前、面接を受けようと、店の前まで行ってきた』――Cは唐突に言いました。

これを聞いたとき私のなかには、荒涼と広がる大地に一本やせ細った木が立っている光景が思い浮かびました。それと同時に私は、言わずにはいられない苛立ちを覚えたのです。

『あなたは人生に絶望し、破滅しようとしているのでしょう。あなたは男性のことばかりでなく、みずからの人生すべてを呪っているのでしょう。こうやって、のうのうと仕事している私のことも妬ましいのかもしれません。あなたは破滅して死んでいき、それがあなたのこの世に対する復讐になるのでしょう』

『そんなひどいことを言ってもいいんですか』――彼女は、私を問い詰めるかのように、真顔で私を凝視してきました。私は彼女の静かな迫力に、内心ハラスメントで訴えられるのではないかと、いささかおののきながらも、『本当にひどい言い方ですよね』と答えたのです。

Cは、愛らしい笑顔の陰で、人知れず、途方もない「孤独」を抱えて生きてきたのでした。母親すら男の共犯で、Cは誰にもみずからの不幸を打ち明けることができませんでした。打ち明けた結果としての、別の不幸に耐えられなかったこともあるのでしょう。結果としてCは、孤独と「異質さ」を抱え、表は「愛らしい仮面」をつけて生きるほかなかったのです。そこには**誰とも繋がれない**圧倒的な孤独があったはずです。

『先生は、他の患者さんにもそんなひどいことを言うんですか』――Cの私に対する追及の手は止みませんでした。

『言いません。あなただから言ったんです』

『どうして私にだけ言うんですか』

『あなたに破滅願望があるからです。男を道連れにして死なれたら困ります』

私はもはや正直に答えるしかないと思い、こう答えました。さらには、『あなたに死なれたら、私の職業的な立場からも責任を問われるから、それも困ります』とも言いました。Cは『先生が仕事でやっているのはわかるけど、ひどいですね』と、また〝ひどい〟を繰り返しました。

その後も、こうした私に対する「糾弾」は、定期的に訪れました。しかも、私との関係が理解に基づく平和な関係がもたらされるようになると、まるでそれを疑うかのように、決まって同じ「糾弾」が唐突に突きつけられるのです。


Cは相変わらず、男性とは別れずに付き合っていました。内側に「疚しさ」を抱えた彼女にとっては、ある意味同類の「わけあり」や「クズ」の男でないと、眩しすぎたのでしょう。ですが、面接に来ては、私に対して〝ひどい〟を繰り返す彼女は、なぜか次第に元気になっていきました。さらには、ある専門職を目指し始めるようになったのです。

彼女の「糾弾」はもちろん、私の「破滅願望」解釈に対する抗議の声であり、〈攻撃性〉の表れです。その攻撃性は、認められてしかるべき正当なものだと言ってよいでしょう。確かに私は、ある意味〝ひどい〟ことを言ったのです。

けれども、この〝ひどい〟は次第に、二重の姿を映していったように思われます。

ひとつは、「ひどい」ことをした母親や男の姿です。もうひとつは、「ひどい」ことを〝ひどい〟と初めて言わせてくれる援助対象の姿です。

Cの〈攻撃性〉は、マゾヒズムという隘路から、正当な攻撃性へと道が拓かれ、その延長線上で逆説的に、〝ひどい〟と言える援助対象との関係性に拓かれていったのです。すなわち、彼女はマゾヒズムという屈曲した攻撃性の持ち方ばかりでなく、攻撃性を正当に内在化させていったのです。言葉を換えれば、攻撃性を意識的にも持てるようになったのです。そのため彼女は強くなっていきました。

Cとの関わりにおいて早くから体験されていた私の「苛立ち」の逆転移は、マゾヒズムという屈曲した攻撃性のカウンターパートだったといえるのです。

ケースD

隠された自己愛――無力さとあっけにとられた逆転移

無力さの逆転移から唖然とした感覚へ

買い物依存の主婦Dは、その衝動の背後にある「虚しさ」に気づいていきました。『これからの人生、何も楽しみがない』と言うのです。

彼女は、長い不妊治療をみずからの意思で断念しましたが、アルバイトも長続きせず、引きこもりがちになるなか、唯一、気の晴らせる行為が、高価なバックの買い物だったのです。ですが、いまやお金も長続きせず、買うものは日用品などの雑貨となり、もはや気は晴れるどころか、焦燥感や虚しさばかり募るようになっていきました。それでも買い物衝動は収まらなかったので、彼女は万引きの危険性から逃れるために、図書館や車のなかで過ごしたりし、買い物のできる場所に近づかないようにしていました。

さらに、Dの希死念慮には「切迫感」がありました。『衝動買いしたいけれど、どうすればいい？』という毎夜繰り返される同じ話に、夫も耐えられなくなり、家を飛び出すまでになっていたのです。彼女は「もはや人生を終わらせるしかない」と、思い詰めました。河原の土手に停めた車のなかで、彼女は「ここで死ねたらどんなに楽になるだろう」と絶望感を深めていたのです。

私自身も、「なすすべがない」と無力感を強くしていました。Dも絶望し、セラピストとしての私も無力感の淵に立たされ、私がせめても願うのは、Dが次の面接の日にきちんと姿を現してくれることでした。

そんななかDは、夕食の準備のためにスーパーで食料品の買い物をしていたところ、カートを押していた中年男性と図らずもぶつかってしまったとのことでした。思わず、そちらを見たところ、その男性から『バカにするなよ』と凄まれたというのでした。

Dはその場でこそ、何も言い返せなかったのですが、あとになって沸々と怒りが沸いてきたのです――「わたしこそバカにされている」「中年のおばさんなんて、誰もいたわってくれない」と。

これを機に、Dの怒りは収まりどころを知らなくなりました。「わたしは人間なんて嫌いなんだ」など、怒りは人間全般への八つ当たりとも無差別攻撃ともいえる言及へと、発展していったのです。Dが『車から飛び出してぶつかってやろうか』『飛び出して誰か刺してやろうか』など、幸薄く蒼白い容貌にまったく似つかわしくないことばを吐き続けるに及んでは、私は唖然とするほかなかったのです。

ですが、ひとまずDの死の危機は回避され、私は半ばあっけにとられながらも、どこかほっとした気持も味わっていたのでした。

秘められた自己愛空想

Dは、私に対しては『こんなに話を聞いてくれる人はいない』と陽性感情を抱く一方で、一般の人たちに対しては、憎しみを露わにしていきました。いわく、一般人は『冷たくて人をバカにする』と言うのです。

それに関する連想を聞いていくと、Dは学生時代に話を遡らせました。彼女は、中学・高校と、おとなしいグループに所属していましたが、そのなかでは仕切るタイプの女子だったと言います。みんなでおとなしくお弁当を食べたり、本を読んでいたりするのですが、周りは、Dの言うことに従うようなタイプの子ばかりだったのです。

その一方で、クラスの中心メンバーになるような子たちは、賑やかで、大きな声で笑い合い、Dはそれがとても嫌だったと言いました。いわゆるカースト上位の女子たちは、Dたちのようなカースト下位のグループに対して、上から目線で小馬鹿にしたように無視してくるからだというのです。

『働くようになってから、他の人たちみたいに気楽に人と話せないことに気づいたんです。特に四十代になってから、職場で話すのに緊張するようになりました。一緒に昼食を食べる時間がすごく苦痛になりました』

Dは『自分には人と壁がある』と言いました。それを周囲の人もなんとなく察知し、向こうからDに話しかけてくることも滅多にない、というのです。さらにDは続けました――『わたしもいつか、社交的で人から好かれ、大人になれば人気のある女子になれるものだと思っていました』と。

Dは、学生時代は自分がおとなしく目立たなくても、一向に気にしていなかったと言いました。なぜなら、大人になれば、人気のある女子になれると思っていたからです。ですが、大人になって気づいたのは、それが単なる空想だったことです。Dの歯車は、そこで狂いが生じたのです。

うかつと言えばうかつな、Dの空想――「大人になれば人気者になれる」。これが、幼い頃から人とは関われない現実から目を逸らさせ、彼女を惨めさから守ってきた〈自己愛空想〉だったのです。働くようになってから気づいたのは、まさに見たくもないみずからの現実でした。彼女は、元気で活発な人たちの多い職場では、途端に孤立気味になったのです。

Dは、ショッピングモールなどに買い物に行って、賑やかに家族ではしゃいでいたり、グループで楽しそうにしていたりする人たちを見ると『腹が立って仕方がない』と言うようになりました。自分が静かに買い物しているのに『損したような気分になる』と言うのです。さらには、あおり運転などされたら、今度は自分が後を追っかけてあおりたくなる、とまで語るのでした。

『わたしは外見はおとなしそうなんですけど、内心はいつも「バカにするな」と、グツグツと煮えたぎっている。ダメだと思います』――Dは、みずからのプライドの高さ、競争心の強さ、攻撃性の高さなどをことばにするようになりました。それとともに、買い物依存の動機も明らかになっていきました。

『悔しい。バカにされたくない。惨めな気持になるのがとにかく嫌だったんです。明るくて元気で若い人たちを見ると、嫉妬してしまって、自分の気持が落ちるのが嫌でした。そのときは、そんな風には自覚していなかったけど、いまになると高い買い物をして、自分の気持をもち上げたかったんだと思います』と。

私は、おとなしく幸薄い外見のDの、攻撃性の高さに当初は唖然としましたが、この頃になると、Dのことがとても気の毒に思えました。Dがクラスの人気者になりたかった気持も、よくわかる気がしたのです――「たしかに人間って、不公平だよな。Dはどうあがいても、人気者になったり愛されたりするキャラにはなれないよな」と、私はこころのなかでひとり呟きました。

Dの惨めさの起源は、もとより生育のなかにありました。父親は酒を飲んでは暴言を吐き、両親仲は冷え切っていました。母親はDを溺愛しましたが、それも、父親との関係の悪さの代償に、Dに世話を焼き、母親自身の孤独を埋め合わせようとしていたのではないか、とDは振り返るようになりました。ですから、D自身は、ただ母親の言うままに生きてきて、自立心も何も身に付かなかったのです。

Dは『大勢のなかでひとりになりたくない』と言うようになりました。余計に孤独を感じる、というのです。Dの訴えは「怒り」や「惨めさ」から「孤独感」の方に比重を移していきました。

いまでは、Dを溺愛した母親もすでに亡くなっていました。父親もとうの昔に、アルコールによる病死をしています。一人っ子のDには同胞もおらず、夫以外に彼女には、身近な存在はいないのです――『夫と静かに生きていくしかないんでしょうか。まるでもう、老後の余生みたいですね』と、彼女は小さく笑いました。

Dにとって夫は、退屈な相手です。ですが、D自身もいわば退屈な人なのです。Dの買い物依存も希死念慮も、この頃にはすでに影を潜めていました。Dは、「大人になれば人気者になれる」という〈自己愛空想〉から足抜けし始めたのです。

幼い頃から知らず知らず抱いていた自己愛空想は、Dにとって夢でもあり、当然視されていた希望でもあったのです。その空想を抱いて生きてきたのは、決して愚かなことではなかったでしょう。こころのなかで思い描かれることは、誰にとっても貴重な「心的現実」なのです。けれども、「心的現実」が、「外的現実」になるとは限りません。そうならなかったときには、失意や傷つきが、時にトラウマ的にこころを抉ることもあるでしょう。ですが、その事実を受け止めたときには、小さな現実の「救い」もほの見えてくるのです。Dにとってそれは「退屈な者どうしの身近な愛」でした。

私が当初、体験していた「どうしようもない無力さの逆転移」は、Dの自己愛空想の**失意の呻き**だったのです。

ケースE

子宮内回帰願望という死の本能——恥のうわ塗りの逆転移

恥の逆転移から、さらなる恥の上塗りへ

青年実業家のEは、不眠不休で働き、海外での起業の成功の極みに達したときに躁転し、日本に連れ戻されました。普段の紳士的なEからは考えられないような暴言を周囲に対して吐き散らかしたのです。

日本に戻ってからのEは、薬物治療も奏功し、すっかり元の紳士的な姿に戻っていました。ですが、Eは、さっぱり復帰する気持が沸かないと言いました。元来、物欲にも興味がないし、従業員に喜ばれるのは嬉しいが、それ以上には働く意味がわからないというのです。私は、Eが成功の高みに達しても、働く意味が見出せないという気持に理解が及びませんでした。

Eとの面接は、あたかも「自分探し」のような面接になりました。Eは、日本の男性には珍しく香水をつけ、外国語も堪能で教養も豊かでした。なのに、そこにEの自己愛性は感じられませんでした。Eは、基本的に謙虚な人で、私の話にも素直に耳を傾けるような人だったから

です。

ただ、私の方は、Eのハイスペックな装備にいささか気圧され気味で、「きちんと話さなければ」というプレッシャーを受けていました。〃恥をかきたくない〃という心境に陥っていたのです。そんなときに固執を「こしゅう」と発音してしまい、Eに静かに「こしつです」といささか申し訳なさそうに訂正された暁には、すっかり内心恥じ入ってしまいました。

ここまでが、本書の第I部で述べたところです。


その後もEは、真摯に面接に取り組み、社会や歴史の問題にも触れながら、働く意味や生きる意味についてさまざまに考え続けました。ですが、そうした省察はいささか堂々巡りをするようにもなりました。Eは『先生、なにか同じところをグルグル回って話しているだけという気もするんですが……』と、申し訳なさそうに、面接の意義について言及してきたのです。

私は内心、いささか焦りました。Eの言うとおりだったのです。面接は、一見きれいに展開しているように見えて、ちっとも生きた実感や手応えがなかったからです。

私は、そこでまたもや言い間違いをしでかしたのです――『Eさんにとっての「とうげんごう」って、何でしょうね?』と。私は、Eにとっての究極の願望を話題にしようとして「とうげんきょう」を「とうげんごう」と発音してしまったのです。もちろんこれは桃源郷、ユートピアのことです。

最初の言い間違いのときとは違い、このときにはEは何も指摘しませんでした。ただ、彼の何とも言えない残念そうな表情からは、私が間違ったことに明らかに気づいていることが伺えました。私はまたしてもみずからの無知を曝け出し、カウンセラーとしての体面を失い、痛く〝恥じ入って〟しまったのです。

ハイスペックな装備の向こう側

「とうげんごう」のあと、何もなかったかのように、Eの願望についての話に進んでいきました。私は内心、恥ずかしい思いを抱きながらも、Eの話を聞いていました。『先生はどうして生きているんですか?』あまりに唐突で原理的な問い掛けに、私は内心の恥ずかしさも手伝って、フリーズしたかのように、『う〜ん』と唸るほかありませんでした。

Eが言うには、彼は小さい頃から、勉強に一生懸命励み、よい高校や大学に入り、大きな会社に就職すれば、幸せや安寧が手に入ると思って頑張ってきた、というのです。ですが、どこまで行っても〝桃源郷〟には辿り着かず、どこまで行っても頑張らなければならない、「自分ってどうして生きているんだろう」と思い始めました。すなわち、彼のハイスペックなキャリアは、桃源郷に至るための努力の賜物だったのです。ですが、いまや彼の桃源郷へのパスポートは「空手形」であることがわかってきた、というのです。

自己愛的な人なら、周到に準備されたハイスペックなキャリアは、充分に桃源郷へのパスポートとして機能したことでしょう。ですが、彼は人への優越意識も、物欲も、私利私欲も、何ももち併せていませんでした。海外に遊興で訪れた人たちを時に案内したときも、彼らが下世話な男の遊びを求めることに、「なにが面白いのか」と、まったく理解できなかったと言います。

それと同様に、何回も言い間違いをし無知をさらけ出すロースペックなセラピストに対しても、『どうして生きているんですか?』と、素朴に疑問に思ったことでしょう。

彼がハイスペックなパスポートを求めた意味はただひとつ、それさえあれば、幸せや安寧が手に入ると思った、ということなのです。しかしいままでは、その目論見も外れ、彼には、幸せとは何か？　生きるとは何か？　が、すっかりわからなくなってしまったのです。

彼は言いました。海外の事業で成功を収め、そのお祝いとして現地の従業員たちも集めてパーティを開いたときに、腹心の部下からこう言われた——『Eさんの表情は、ちっとも楽しそうじゃないですね。僕がEさんの立場だったら、大喜びして、はしゃぐと思いますよ』と。事実、Eはちっとも楽しくなかったのだと言いました。事業が成功して、現地の従業員たちにも充分な報酬を提供できるのは確かに喜ばしい、でもそれだけだ、というのです。Eは『人と一緒に喜ぶというのが、実感としてよくわからない』と言いました。

Eは次第に、みずからの「空漠たるこころの世界」に気づいていきました。彼は、人道的で倫理的で、人の役に立ちたいという想いはあるものの、実際には人との関わりに歓びの実感は生まれにくかったのです。それどころか、彼は、人と関わるとわけもなく疲れてしまう自分にも気づいていきました。いまや彼のハイスペックな装備は、ガラクタ同様となり、海外の現地で待ちわびている従業員たちにも合わす顔がないと言いました。彼は絶望の淵に立っていました。

『僕は昔から、子宮内に還りたいような願望があるんですよ。だから、性行為しているときが、唯一本来の自分に戻れる感じがするんです』――彼は、女性に貪欲な人ではありませんでした。むしろ、女性との付き合いは疲れるだけだと言いました。ですが、唯一セックスしているときは、安寧が得られるというのです。

彼の桃源郷は「子宮」内にあったのです。いわば子宮内回帰願望です。

これは、ことばを換えれば〈死の本能〉と言ってよいでしょう。ジークムント・フロイト[4]は、死の本能に二種を挙げました。すなわち〈破壊衝動〉と〈無生物への回帰〉です。子宮内回帰願望は、後者に当たるものです。なぜなら、子宮とはもはや対象化された世界ではなく、繭のなかでのように自他の「渾然一体」とした世界だからです。自閉の病理として〈原初的対象-自己喪失〉を中核病理と唱えたのは、フランセス・タステイン[5]ですが、これはドナルド・W・ウィニコット[6]のいう〈原初的分離〉すなわち「奈落に落ちること」から想を得たものです。

たとえば、子どもがそれに対処するだけの力を備えることができるだけの情緒的な発達の水準に達するよりも前に分離が生じたときに、喪失は乳児から見れば、口のある部分が母親や乳房と一緒になくなってしまうことかもしれない。何ヶ月後かに母親の同様な喪失が起こっても、それは主体の部分喪失の要素を加えることとなく、対象の喪失となるだろう。

D・W・ウィニコットは〈原初的分離〉の病理として精神病性うつ病を唱えたのですが、それをF・タスティンが自閉の病理の中核概念として入念化し、臨床にも応用しました。

Eの訴える子宮内回帰願望は、まさに原初の世界への回帰願望です。それは、生前と死後の違いこそあれ、私たちのまだ見ぬ〝桃源郷〟なのかもしれません。高機能の自閉圏の成人男性が、渾然一体となった子宮内への回帰願望を語ることは、それほど珍しいことではないように思われます。


その後Eは、自分が人間関係に歓びを得られぬ「宿命」を背負っていることに気づいていきました。ですが、彼の人道的で倫理的な「人の役に立ちたい」という気持には嘘偽りはなかったのです。

結局のところ、Eは折衷的な仕事をみずから選択していきました。直接的な対人援助ではないものの、彼の技能を生かし、間接的にITの世界で社会貢献できる事業を立ち上げていったのです。彼は、機械相手の仕事はこころが落ち着くし、人の役にも立てることが歓びだと言いました。機械への「愛」を通して、彼は「人の役に立ちたい」という願望を満たすことも可能となったのです。


では、私の「恥の逆転移」とは、何だったのでしょうか？　私には、こう思えます。

一見、自己愛的なEのハイスペックな装備は、やはり自己愛的なものではなく、Eが桃源郷を目指すための「備えるべき規範」だったのではないでしょうか。規範・規律・原則に類するものだったように思われます。そうした規範によって、彼はようやく〈死の本能〉の恐ろしい口を塞ぐことができるように感じていたのではないでしょうか。

高機能の自閉圏の人たちが、規律や規範あるいは大義名分などを重んじるのは、周知のところでしょう。彼らはそれによって〈死の本能〉の口を塞ぎ、さらには、そればかりでなく、パーソナルな愛着ではない〝パーソナルを超えた愛着〟を求め、この世に居場所を得ているように思われます。

したがって、Eにとっては、カウンセラーたるものがことばの厳密さを遵守しないような規律のなさは、理解しがたいものであったのかもしれません。私は、彼の自己愛ではなく、その規律の佇まいに恥じ入ることになったのです。恥の逆転移の意味は、そういうことだったように思われるのです。

愛着は、パーソナルなものばかりでもないのです。「人の役に立ちたい」という大義名分も、それに実質が得られれば、パーソナルな愛着に代わる愛着として、充分に機能しうるのです。

エピローグ――パーソナルを超えた愛の可能性

ウィルフレッド・R・ビオンは言いました――「対象が不在でなければ、問題はどこにもない」と。

この意味するところは、よい対象（乳房）との関係が欠落していなければ、私たちの愛情に、何も問題は生じないだろう、ということです。

これは理想にすぎません。私たちはみな、多かれ少なかれ、**愛情の欠落**から成る〈愛着障害〉の傷を負っています。その程度にはさまざまで、もともとの素因の強いＡＳＤから、虐待、不適切養育、単なる親子の相性の悪さまで、**傷**の深さは千差万別です。したがって、成長途上にて**傷**が自然治癒したり、あるいはセラピーによって修復したりする場合もあるでしょう。ですが、それらによって愛着が本道には戻らず、生涯〈愛着障害〉として禍根を残す場合も珍しくありません。

私がここで創作事例として示したのは、それらの「禍根群」です。これら事例の主たるテーマは逆転移ですが、伏線としては、実は〝愛着〟の問題が控えています。

Aは、ASD特有の原初的分離の困難さを抱え、「分離」を包含した〝愛着〟を人との関係で結ぶことがほぼ不可能です。したがってAの主たる愛着対象は、非人間界である自然です。

Bは精神病世界の迫害不安によって、人との関係を切り結ぶことができません。したがってBの愛着は、迫害者によって凌辱された耽美的犠牲者との、空想上の連帯となります。

Cはマゾヒスティックな関わりによってしか、人間関係を結べませんでした。ですが、彼女の場合は、正当な攻撃性の発露をきっかけに、もっとも健全に人間界との愛着を取り戻す道に復したと言えるでしょう。

Dにとっては、人との関わりは自己愛の傷つきでしかありませんでした。ですが、「退屈な者同士」という夫との繋がりを再認し、この世の片隅に居場所を見出したと言えるでしょう。

Eは、ASDにありがちな「子宮内回帰願望」を有し、この世のすべてが色褪せたものに過ぎませんでした。ですが、無機質な世界である「機械」との繋がりを通して、「人の役に立ちたい」という大義名分としての愛着を拠りどころとしていったのです。

それぞれの病理に応じて、私のなかにどのような《逆転移》が生起したのかは、事例のなかですでに述べていますので、ここでは繰り返しません。

本章でお伝えしたかったのは、「逆転移の**活かし方**とは、それを通して患者の理解に供するばかりでなく、その理解が彼らのこの世での生き方に、いかに寄与しうるか」である、という点です。Cのように、人間界における〝愛着〟形成にまっとうに戻れるとは限らず、彼らの〈愛着障害〉は、治癒・寛解は不可能かもしれないのです。

そもそも〈愛着障害〉の考え方は、人と人とのパーソナルな関係性を前提としています。すなわち、個と個のあいだでの親密性・友愛性・共感性などです。もちろん個と個の関係性を愛着で切り結ぶことができれば、ビオンの言うように「問題はどこにもない」となるのかもしれません。

ですが、愛着を狭い意味でのパーソナル性だけに限るとすれば、それはそれでいささか取りこぼしてしまう点も出てくるのかもしれません。少なくとも、**個を超えた愛着**の視点が視界から外れます。

事例AやEのような自閉圏の人たちにとっては、パーソナルな**個々人への愛着**はかなりハードルの高いものです。しかし彼らには、自然や規律や大義名分のような、個を超えたものに対する愛着（偏愛）があったりするのです。それは、彼ら特有の「こだわり」として片づけられてしまうかもしれません。ですが、こだわりのなかに、パーソナルな関係性を超えた愛着を見ることも可能なのです。

そもそも昔の日本では、個を超えた愛着がもっと重視されていたようにも思われます。たとえば、武士道・茶道・華道など、何々道と呼ばれるような流儀の世界では、忠義や大義によって人の道が定められていました。あるいは、愛国心なども端的なものでしょう。それらはパーソナルな愛着と無縁ではないにしろ、個を超えたものへの愛着と言っても差し支えないのです。

自閉圏の愛着を考えるとき、個を超えたものとしての愛着もあることを、Eはよく伝えてくれているように思われるのです。

本論の域を超えますので、これ以上は触れませんが、心理臨床では、個のつながりの価値が奉られ過ぎるあまりに、その外部に「愛」を見出しにくく、みずから首を絞めている面があるようにも思われるのです。この点に関しては、いずれ別に論考したいと考えています。

話が少し逸れましたが、私たちのこころの使い方の射程は広くなっています。人間性やパーソナル性に留まらず、それを超えた視座も必要になるのかもしれません。

いずれにせよ、私たちのこころの使い方は、「禍根群」の病理的世界の理解とともに、ささやかながらも、この世での〝棲み処〟を見出すためにも使われたいものだと思うのです。

文献

まえがき

1 祖父江典人（2017）「フロイト-ビオンに内在する内的マネージメント論――脆弱な自我へのアプローチ」精神分析研究61(3)

2 祖父江典人（2019）『公認心理師のための精神分析入門――保健医療、福祉、教育、司法・犯罪、産業・労働領域での臨床実践』誠信書房

3 成田善弘（2005）『治療関係と面接――他者と出会うということ』金剛出版

序　章

1 祖父江典人（2017）「フロイト-ビオンに内在する内的マネージメント論――脆弱な自我へのアプローチ」精神分析研究61(3)

2 祖父江典人（2019）『公認心理師のための精神分析入門――保健医療、福祉、教育、司法・犯罪、産業・労働領域での臨床実践』誠信書房

プロローグ

1 祖父江典人（2015）『対象関係論に学ぶ心理療法入門――こころを使った日常臨床のために』誠信書房

2 祖父江典人（2019）『公認心理師のための精神分析入門――保健医療、福祉、教育、司法・犯罪、産業・労働領域での臨床実践』誠信書房

第一章　逆転移論の始まり

1 Freud, S.（1912）「分析医に対する分析治療上の注意」『フロイト著作集9——技法・症例篇』小此木啓吾訳（1983）人文書院

2 Freud, S.（1910）「精神分析療法の今後の可能性」（1915）「転移性恋愛について」同書

3 Freud, S.（1905）「あるヒステリー患者の分析の断片」『フロイト著作集5——性欲論／症例研究』懸田克躬・高橋義孝ほか訳（1969）人文書院

4 吾妻ゆかり・妙木浩之編（1999）『現代のエスプリ317：フロイトの症例』至文堂

5 Freud,S.（1913）「分析治療の開始について」『フロイト著作集9——技法・症例篇』小此木啓吾訳（1983）人文書院——小此木啓吾訳では「感情移入（Einfülung）」と訳されている。それというのも、小此木訳の原点は、フロイト全集のドイツ語版（Internationaler Psycho-analytisher Verlag版のフロイト全集）に拠っているようだからだ。しかし、私がフロイト全集のStandard Edition,vol.12に当たったところ、小此木が感情移入と訳しているところは、sympathetic understandingという英語が充てられていた。したがって、ここは後者の用語を採用し、「感情移入」ではなく「同情的理解」の用語で、フロイトの逆転移論に関して話を進めた。

6 Freud, S.（1912）「分析医に対する分析治療上の注意」前掲書

7 Klein, M.（1946）「分裂的機制についての覚書」『妄想的・分裂的世界』（メラニー・クライン著作集4）小此木啓吾・岩崎徹也編訳（1985）誠信書房

8 Freud, S.（1911）「自伝的に記述されたパラノイア（妄想性痴呆）の一症例に関する精神分析学的考察」前掲書

9 Klein, M.（1957）「羨望と感謝」『羨望と感謝』（メラニー・クライン著作集5）小此木啓吾・岩崎徹也編訳（1996）誠信書房

10 Spillius, E.B.（1988）「第一部総説」『メラニー・クライン・トゥデイ3』スピリウス編／松木邦裕監訳（2000）岩崎学術出版社

11 Heimann, P.（1950）「逆転移について」『対象関係論の基礎——クライニアン・クラシックス』松木邦裕編／監訳（2003）新曜社

12 Heimann, P.（1960）'Counter-transference' *About Children and Children-no-longer: Collected Papers 1942-80*. Routledge.

13 Segal, H.（1977）「逆転移」『クライン派の臨床——ハンナ・スィーガル論文集』松本邦裕訳（1988）岩崎学術出版社

14 Pick, I.B.（1985）「逆転移のワーキング・スルー」スピリウス編、同書

15 Money-Kyrle, R.E.（1956）「正常な逆転移とその逸脱」スピリウス編、同書

16 Money-Kyrle, R.E.（1956）同論文

17 Racker, H.（1968）『転移と逆転移』坂口信貴訳（1982）岩崎学術出版社

18 Racker, H.（1968）同書——祖父江による訳の一部改変あり

19 Segal, H. (1977)「逆転移」『クライン派の臨床——ハンナ・スィーガル論文集』松本邦裕訳（1988）岩崎学術出版社
20 Spillius, E.B. (1988) 前掲
21 Gay, P. (1988)『フロイト1』鈴木晶訳（1994）みすず書房
22 森茂起（2018）『フェレンツィの時代——精神分析を駆け抜けた生涯』人文書院
23 Ferenczi,S. (1995)『臨床日記』森茂起訳（2018）みすず書房
24 Klauber, J. (1987) 'Implied and denied concepts in the theory of psychoanalytic theory' *Illusion and Spontaneity in Psychoanalysis*. Free Association Books.
25 Stewart, H. (1996)『バリント入門——その理論と実践』細澤仁・筒井亮太監訳（2018）金剛出版
26 Balint, M. (1961)『医療における精神療法の技法——精神分析をどう生かすか』小此木啓吾監修／山本喜三郎訳（2000）誠信書房
27 Balint, M. (1956)『一次愛と精神分析技法』森茂起・枡矢和子・中井久夫訳（1999）みすず書房
28 Balint, M. (1968)『治療論から見た退行——基底欠損の精神分析』中井久夫訳（1978）金剛出版

第II部

第一章　こころを使うその壱

1 土居健郎（1964）「精神分析療法と『西欧的人間』」精神分析研究10(5).
2 土居健郎（1961）『精神療法と精神分析』金子書房
3 成田善弘（1981）『精神療法の第一歩』（精神科選書7）診療新社
4 成田善弘（1989）『青年期境界例』金剛出版
5 成田善弘（1999）「共感と解釈」『共感と解釈——続・臨床の現場から』成田善弘・氏原寛編（1999）人文書院
6 北山 修（1982）『悲劇の発生論——精神分析の理解のために』金剛出版
7 北山 修（1985）『錯覚と脱錯覚——ウィニコットの臨床感覚』岩崎学術出版社
8 きたやまおさむ・前田重治（2019）『良い加減に生きる——歌いながら考える深層心理』講談社現代新書
9 北山 修（2020）「めめしさ守る反戦の歌」中日新聞2020年8月23日朝刊
10 北山 修（2009）『覆いをとること・つくること——〈わたし〉の治療報告と「その後」』岩崎学術出版社
11 北山 修（2009）同書
12 北山 修（2021）「日本のリズム」『文化・芸術の精神分析』祖父江典人・細澤仁編著（2021）遠見書房
13 松木邦裕（2011）『不在論——根源的苦痛の精神分析』創元社

14 **Freud, S.** (1893-1895)「ヒステリーの心理療法」『フロイト著作集7――ヒステリー研究』小此木啓吾・懸田克躬ほか訳（1970）人文書院

15 松木邦裕（1998）「共感と解釈」『分析空間での出会い――逆転移から転移へ』人文書院

16 **Kotowicz, Z.** (1997)『R・D・レインと反精神医学の道』細澤仁・筒井亮太訳（2020）日本評論社

17 祖父江典人（2001）「摂食障害のこころの世界」菅佐和子・木之下隆夫編『学校現場に役立つ臨床心理学――事例から学ぶ』日本評論社

18 松木邦裕（2007）「悲しみをこころに置いておけないこと――抑うつ状態についての覚書」『抑うつの精神分析的アプローチ――病理の理解と心理療法による援助の実際』松木邦裕・賀来博光編（2007）金剛出版

19 松木邦裕（2011）前掲書

20 衣笠隆幸（1998）「クライン派における身体の問題」『衣笠隆幸選集1――対象関係論の理論と臨床：クライン派の視点を中心に』（2017）誠信書房

21 衣笠隆幸（2002）「小ウインドウ方式――デイケアのグループダイナミクスと小ウインドウ方式」『衣笠隆幸選集2――精神分析的精神医学の臨床』（2018）誠信書房

22 衣笠隆幸（2002）同論文

23 衣笠隆幸（1993）「難治症例と逆転移」『衣笠隆幸選集1――対象関係論の理論と臨床：クライン派の視点を中心に』（2017）誠信書房

24 藤山直樹（2003）『精神分析という営み――生きた空間をもとめて』岩崎学術出版社

25 藤山直樹（2003）同書

26 木部則雄編著（2019）『精神分析／精神科・小児科臨床セミナー 総論：精神分析的アセスメントとプロセス』福村出版

27 木部則雄（2006）『子どもの精神分析――クライン派・対象関係論からのアプローチ』岩崎学術出版社

28 **Meltzer, D.** (1986) *Studies in Extended Metapsychology : Clinical Applications of Bion's Ideas*. Karnac books.

29 細澤仁（2008）『解離性障害の治療技法』みすず書房

30 細澤仁（2010）『心的外傷の治療技法』みすず書房

31 細澤仁（2021）「物語としての映画、詩としての映画」『文化・芸術の精神分析』祖父江典人・細澤仁編著（2021）遠見書房

32 上田勝久（2018）『心的交流の起こる場所――心理療法における行き詰まりと治療機序をめぐって』金剛出版

33 上田勝久（2021a）「ミニコラム：将棋」『文化・芸術の精神分析』祖父江典人・細澤仁編著（2021）遠見書房

34 上田勝久（2021b）「ミニコラム：推理小説」同書

35 東畑開人（2019）『居るのはつらいよ――ケアとセラピーについての覚書』医学書院

第二章　こころを使う　その弐

1 Grinberg, L. (1962)「患者の投影同一化による逆転移のある特異面」『対象関係論の基礎――クライニアン・クラシックス』松木邦裕編／監訳（2003）新曜社
2 松木邦裕（2011）『不在論――根源的苦痛の精神分析』創元社
3 祖父江典人（2010）『ビオンと不在の乳房――情動的にビオンを読み解く』誠信書房
4 Bion, W.R. (1955) 'Language and schizophrenic' *New Directions in Psycho-Analysis*. Karnac Books.
5 祖父江典人（2010）前掲書
6 Bion, W.R. (1959)「連結することへの攻撃」『再考：精神病の精神分析論』松木邦裕監訳／中川慎一郎訳（2007）金剛出版
7 祖父江典人（2022）「ビオンの観点から見た連携――「連携」というアポリア」『日常臨床に活かす精神分析――連携編』祖父江典人・細澤仁編著（2022）誠信書房
8 Bion, W.R. (1962)「経験から学ぶこと」『精神分析の方法I――セブン・サーヴァンツ』福本修訳（1999）法政大学出版局
9 Grinberg, L. (2000) 'Foreword' In: Bion, Talamo, P. et al. (2000) *W.R. Bion; Between Past and Future*. Karnac Books.
10 Winnicott, D.W. (1947)「逆転移の中の憎しみ」『小児医学から精神分析へ――ウィニコット臨床論文集』北山修監訳（2005）岩崎学術出版社
11 Winnicott, D.W. (1947) 同論文
12 Winnicott, D.W. (1971)「対象の使用と同一視を通して関係すること」『遊ぶことと現実』橋本雅雄訳（1979）岩崎学術出版社
13 Heimann, P. (1950)「逆転移について」『対象関係論の基礎――クライニアン・クラシックス』松木邦裕編／監訳（2003）新曜社
14 Winnicott, D.W. (1984)『子どもの治療相談面接』橋本雅雄・大矢泰士監訳（2011）岩崎学術出版社
15 Winnicott, D.W. (1977)『ピグル――ある少女の精神分析的治療の記録』妙木浩之監訳（2015）金剛出版
16 Jacobs, M. (1995) *D.W. Winnicott*. Sage Publications.

第三章　こころを使う　その参

1 Joseph, B. (1975)「到達困難な患者」『心的平衡と心的変化』小川豊昭訳（2005）岩崎学術出版社
2 Joseph, B. (1975) 同論文
3 Joseph, B. (1982)「瀕死体験に対する嗜癖」小川豊昭訳（2005）岩崎学術出版社
4 館直彦（2012）『現代対象関係論の展開――ウィニコットからボラスへ』岩崎学術出版社
5 Kotowicz, Z. (1997)『R・D・レインと反精神医学の道』細澤仁・筒井亮太訳（2020）日本評論社
6 Bollas, C. (1987)『対象の影――対象関係論の最前線』館直彦監訳（2009）岩崎学術出版社

7 Bion, W.R. (1994)『新装版 ビオンとの対話――そして、最後の四つの論文』祖父江典人訳（2016）金剛出版
8 Symington, N. (1983) 'The analyst' s act of freedom as agent of therapeutic change' The International Review of Psychoanalysis, 10.
9 Little, M.I. (1990)『ウィニコットの精神分析の記録――精神病水準の不安と庇護』神田橋條治訳（2009）岩崎学術出版社
10 Little, M.I. (1981)『原初なる一を求めて』神田橋條治・溝口純二訳（1998）岩崎学術出版社
11 Coltart, N. (1986)「ベツレヘムに向け身を屈めて歩くこと…あるいは、精神分析において思考の及ばぬことを考えること」『英国独立学派の精神分析――対象関係論の展開』Kohon, G. 編／西園昌久監訳（1992）岩崎学術出版社

終章

1 祖父江典人（2015）『対象関係論に学ぶ心理療法入門――こころを使った日常臨床のために』誠信書房
2 祖父江典人（2019）『公認心理師のための精神分析入門――保健医療、福祉、教育、司法・犯罪、産業・労働領域での臨床実践』誠信書房
3 池田暁史（2021）『メンタライゼーションを学ぼう――愛着外傷をのりこえるための臨床アプローチ』日本評論社
4 Freud, S. (1920)「快感原則の彼岸」『フロイト著作集6――自我論／不安本能論』井村恒郎・小此木啓吾ほか訳（1970）人文書院
5 Tustin, F. (1972)『自閉症と小児精神病』齋藤久美子監修／平井正三監訳（2005）創元社
6 Winnicott, D.W. (1963) 'The mentally ill in your caseload' *The Maturational Processes and the Facilitating Environment*. Routledge.

エピローグ

1 Bion, W.R. (1965)「変形」『精神分析の方法 II――セブン・サーヴァンツ』福本修・平井正三訳（2002）法政大学出版局

あとがき

本書の構成には、いささか趣向を凝らしました。すなわち、序章において、セラピーにおけるさまざまな《逆転移》の**始まり方**を記し、終章において、その《逆転移》が患者の内的世界をどのようにキャッチしていたのか、その**謎解き**をお示ししたのです。その間に、第Ⅰ部・第Ⅱ部で、洋の東西の分析的臨床家たちの〝こころの使い方〟を解説しました。

こうした構成を採ったのは、臨床においてこころを使いながら、患者理解を図っていくのがどういうことなのか、その具体像を分析サークルの臨床家に留まらず、知っていただきたかったからです。ですから、少々謎解きのような構成とし、推理小説的なテイストも加味して、読者の皆様の関心に訴えようと考えました。

この想は、編集者で木立の文庫の代表である津田さんと杯を酌み交わしながら、興が乗ってきたときにふと飛び出したアイデアです。瓢箪から駒のような、いいアイデアになったのなら、幸いですが……。

ですので本書は、序章の顛末を早めに知りたければ続けて終章を読んでいただいても構いませんし、推理小説のように結末を後に回したければ、最後に終章を読んでいただいても構いません。

その序章と終章にサンドイッチ型に挟まれた第Ⅰ部・第Ⅱ部は、基本的にどこから読んでいただいても構いません。好きな臨床家や分析家、知らない分析家など、気の向くままに当たっていただいて結構です。興味に応じて、それぞれの臨床家の項から読んでいただければと思います。

ところで、〝こころを使う〟ことの意義は、クライエントへの臨床的な意義に留まらず、心理職や広く援助職みずからにとっても、大事なことだと思われます。なぜなら、こころを使わないような、あたかもルーティーン化した作業のような援助、さらには「援助者なら共感せねばならない」「ネガティブな気持などもってはならない」といった教条化したような援助は、却って私たちのこころを摩耗させてしまうからです。

援助者とて、こころをもった人間です。ですから、ネガティブな気持ももてば、逆にポジティブすぎる気持も抱いたりもします。そうした**生きたこころ**（本音）を基本としていないならば、援助者のこころはバーンアウトしかねませんし、**死んだ援助**にもなりかねません。私たちのこころの健康さが担保されるのは、まさに本性から発する〝本音ベース〟で**こころがはたらいている**ときなのです。

ただし、生きたこころは、取扱注意の**生もの**ですので、本書で論じてきたように、きちんと《逆転移》として認識し、クライエントの益に供する営みが必要とされるのです。

本書が〝こころを使う〟ことの一助になれば幸いです。

最後になりましたが、木立の文庫の津田敏之さんには、こころを使って本書の想を練っていただき、こころを砕いて本書を仕上げていただきました。ここに深謝の意を表します。

二〇二一年九月　秋の訪れとともに

祖父江 典人

著者紹介

祖父江 典人（そぶえ・のりひと）

1957年、愛知県に生まれる。

東京都立大学（現：首都大学東京）人文学部心理学科卒業後、名古屋大学附属病院精神神経科教室にて2年間、心理研修生となる。その後、国立療養所（現：国立病院機構）東尾張病院に2年間、厚生連安城更生病院に18年間勤務する。

その後、大学教員に転じ、愛知県立大学福祉学部に10年、愛知教育大学大学院教育学研究科に9年、勤める。

現在は独立し、名古屋心理療法オフィスを主宰。パーソナリティ障害やASDはじめ、今日の適応困難な自我脆弱群のセラピーに精神分析をいかに応用するか、という課題のもとに、「日常臨床」を専門とする。

主な著書に次のようなものがある——

『対象関係論の実践』〔新曜社，2008年〕、『ビオンと不在の乳房』〔誠信書房，2010年〕、『対象関係論に学ぶ心理療法入門』〔誠信書房，2015年〕、『日常臨床に活かす精神分析』共編著〔誠信書房，2017年〕、『公認心理師のための精神分析入門』〔誠信書房，2019年〕、『文化・芸術の精神分析』共編著〔遠見書房，2021年〕ほか。

主な訳書に次のようなものがある——

W.R.ビオン『ビオンとの対話』〔金剛出版，1998年〕、W.R.ビオン『ビオンの臨床セミナー』共訳〔金剛出版，2000年〕、J.スィーガル『メラニー・クライン』〔誠信書房，2007年〕。

kodachi no bunko

レクチュア こころを使《つか》う

日常臨床《にちじょうりんしょう》のための逆転《ぎゃくてん》移《い》入門《にゅうもん》

2022年6月10日　初版第1刷印刷
2022年6月20日　初版第1刷発行

著　　者　祖父江典人

発 行 者　津田敏之
発 行 所　株式会社 木立の文庫
京都市下京区新町通松原下る富永町107-1
telephone 075-585-5277　facsimile 075-320-3664
https://kodachino.co.jp/

造　　本　上野かおる
DTP組版　東 浩美
印刷製本　亜細亜印刷株式会社

ISBN 978-4-909862-24-2　C3011

kodachi no bunko

哀しむことができない

社会と深層のダイナミクス

荻本 快:著　四六変型判上製240頁　定価2,970円

2022年3月刊　ISBN978-4-909862-23-5

第四の耳で聴く

集団精神療法における無意識ダイナミクス

L.ホーウィッツ:著/高橋哲郎:監修/権 成鉉:監訳

石田淑惠・木村唱子・手塚千惠子・樋口智嘉子:訳

A5判上製408頁　定価4,400円

2021年11月刊　ISBN978-4-909862-22-8

精神分析の再発見

考えることと夢見ること　学ぶことと忘れること

T.H.オグデン:著/藤山直樹:監訳

清野百合・手塚千惠子ほか訳

A5判上製264頁　定価3,960円

2021年10月刊　ISBN978-4-909862-21-1

コロナと精神分析的臨床

「会うこと」の喪失と回復

荻本 快・北山 修:編著/飯島みどり・石川与志也・揖斐衣海・岡田暁宜・奥寺 崇・笠井さつき・関真粧美・西村 馨・山本雅美:著

四六変型判上製272頁　定価2,970円

2021年3月刊　ISBN978-4-909862-18-1

みんなのひきこもり

つながり時代の処世術

加藤隆弘:著　四六変型判並製224頁　定価1,980円

2020年11月刊　ISBN978-4-909862-16-7

(価格は税込)